हमारे
रीति-रिवाज़

हमारे रीति-रिवाज़

सुमेर चन्द

पराग प्रकाशन

ISBN- 978-93-81918-47-0

मूल्य

495.00

संस्करण

पुनर्मुद्रण, 2026

प्रकाशक : **पराग प्रकाशन,** 33/1, भूलभुल्लैयाँ रोड, महरौली नई दिल्ली-110030, फोन : 41718888, शब्द-संयोजन : पराग प्रिंटिंग सर्विस, नई दिल्ली-110048 द्वारा एवं बालाजी ऑफसेट, दिल्ली-110032 में मुद्रित ।

Hamare Reeti-Rivaaj

by Sumer Chand

हमारे रीति-रिवाज़

किसी भी समाज का, जीवन जीने का अपना ढंग होता है । यह ढंग ही रीति-रिवाज़ों का पिटारा होता है । क्योंकि खुशी व गमी जीवन के अभिन्न अंग हैं इसलिये रीति-रिवाज़ भी इन दो अवस्थाओं का ही स्वरूप होते हैं । हमारे रीति-रिवाज़ सदियों से हमारे समाज का आधार रहे हैं और इनके बनने में भी सदियाँ ही लगी थीं । इसलिये ये हमारे जीवन में रचे-बसे हुये होते हैं । साधारण तौर से हमें पता ही नहीं चलता कि हम इन रिवाज़ों पर चल रहे हैं । हाँ जब कोई इन से बाहर चलता है तो तब वो काम अजीब-सा लगता है ।

देश आजाद हो जाने के बाद हमारे सामाज की जड़ें भी कमजोर पड़ती जा रही हैं । पहले सामाजिक मर्यादा से बाहर जाना समाज को चुनौती देना था और अकेला व्यक्ति सारे समाज से बहुत कमजोर होता था इसलिये यह कमजोरी—भय का डंडा—सिर के ऊपर रखती थी । इसीलिये हम सामाजिक रीति-रिवाज़ों, मान-मर्यादाओं व प्रथाओं का पूरा सम्मान करते थे । यदि किसी ने अपनी बुद्धि को ताला जड़ कर व भय से निर्भय हो कर कोई ऐसा काम कर भी दिया होता था जो हमारे रिवाज़ों के विरोध में होता था, तो चार भाई इकट्ठे हो कर पहले तो ऐसा करने वाले को समझा दिया करते और न मानने पर उसे दंड भी दे दिया करते । यदि फिर भी न माने तो उसे समाज से बाहर कर दिया करते । पहले हुक्का-पानी बंद और फिर गाँव से भी निकाल दिया जाता था ।

जब से राज करने का हक पर्ची धारियों के हाथों में चला गया तब

से आम आदमी के आचरण पर निगाह न रहकर उसे फुसलाने पर सारा जोर रहता है । फिर भला समाज में अनुशासन कैसे रहे ? दो गुट बन जाते हैं—एक यदि किसी के आचरण को ठीक बताता है तो दूसरा आँख बंद करके उसे गलत बता देता है । इस प्रवृति ने हमें समाजहीन बना दिया है और हम ऐसे ही हो गये हैं जैसे बिना नकेल का ऊँट—जहाँ जाये उसकी मर्जी ।

फिर भी ऐसा हो जाने से हम परेशान तो हैं ही । संयुक्त परिवार में रहने से दुख बँट जाते थे और खुशियाँ दोगुणी हो जाती थीं, जो अब बस किराये के तामझाम में बदल गईं । पता ही नहीं चलता कि खुशी आई भी थी । हाँ, दुख पहाड़ समान हमारे सामने अड़ कर खड़े रहते हैं । इसी तरह जब हम सामाजिक मर्यादाओं से बाहर जा कर कुछ करते हैं, तब मन अशान्त तो रहता ही है ।

हमारे राजनेता जनता को ऐसी घूँटी पिला देने के फेर में हैं जिससे हम उसके नशे में डूबे रहें और उनके आचरण में मीन-मेख निकालने की तरफ ध्यान न दें । वे विदेशी रहन-सहन का लालीपॉप थमा कर हमारे समाज को ही खोखला कर रहे हैं । हम अपने रहन-सहन को हीन तथा सात समुद्र पार वालों के को श्रेष्ठ मानने लगे हैं । इसलिये अपने रीति-रिवाज़ों को श्रद्धांजलि देकर 'उन' के ढंग को अपनाने में आधुनिक-सा दिखाई देने की होड़ में हैं । अगली पीढ़ी को तो हमारे रीति-रिवाज़ों का पता ही नहीं रहेगा ।

हरियाणा प्रदेश बृज से लगते होडल, राजस्थान से लगते नारनौल, लौहारू व डबवाली, पंजाब के साथ वाले अम्बाला तथा हिमाचल को छूते कालका के बीच बसता है । इसलिये हर स्थान के रीति-रिवाज़ों में भी थोड़ा बहुत अन्तर होता है । 'हमारे रीति-रिवाज़' मोटे तौर पर अपने हैं । कुछ रिवाज़ जो आम लोग नहीं मानते वे यहाँ नहीं बताये गये फिर भी यदि इस नई पीढ़ी को तथा आने वाली पीढ़ियों को इस 'हमारे रीति-रिवाज़' से कुछ जानने को मिला तो मेरा यह प्रयत्न सफल समझा जायेगा वरना यह भी कागज काले ही करना होगा ।

—सुमेर चन्द

अनुक्रम

- सक्राँत अर्थात् बड़ों को मनाना
- तीजों की झूल
- सिंधारा, कौथली एवं सीद्धा
- फागण खेलना
- फाग खेलना व होली जलाना
- पोंहची, रखड़ी या राखी बाँधना एवं भैया दूज
- माता धोकना या धोक मारना
- गोले एवं कूजे लाना
- आधी रात का बरत
- करवा चौथ का व्रत
- होई (अहोई) का व्रत
- गोद लेना
- घर-जमाई
- धर्म करना
- एकता निकालना
- कार्तिक नहाना
- गंगाजी नहाना
- भजन सुनना
- साँग देखना
- अमावस की छुट्टी
- तोता, फूलझड़ी एवं बिन्दरवाल बाँधना
- संयुक्त परिवार
- खीस खाना, दस दिन दूध न बिलौना
- इकट्ठा कोल्हू चलाना
- साई देना, चोलड़ रस्सा एवं हुलिया या छपवाना
- रिश्ते-नाते
- गोत्र बचा कर शादी करना
- मान करना
- रामरमी
- पंचायती रुपया
- पंचायत होना अर्थात् गाँव इकट्ठा होना
- गाँव सामलात काम करना
- दान-पुण्य करना

बच्चा पैदा होने पर रिवाज़

थाली बजाना

हमारे हरियाणा में लड़के व लड़की में बड़ा भेद बरता जाता रहा है । पहले तो कृषि-प्रधान जीवन शैली के कारण लड़के की उपयोगिता लड़की से अधिक होती थी और अब दहेज प्रथा के कारण लड़की का पैदा होना लड़के के मुकाबले अच्छा-सा नहीं माना जाता है । परन्तु अब 1000 लड़कों के अनुपात में 861 लड़कियाँ पैदा हो जाने से अपने लाडलों को बहुएँ न मिल पाना लड़कियों का महत्त्व बढ़ाने लगा है । पहले जब लड़का पैदा होता था तो पड़ोस में इस की सूचना थाली बजा कर दी जाती थी । थाली एक तो हर घर में होती थी और फिर धातु की होने के कारण बजती भी ऊँची आवाज में है इसलिये खुशी प्रकट करने व दूसरों को सूचित करने का उपयुक्त साधन माना जाता था । लड़का पैदा हुआ नहीं और खुशी में थाली बजी नहीं । देखा जाये तो थाली बजाना हमारे समाज का सबसे पहला रिवाज़ है और इसे अमीर-गरीब सब मानते आये हैं । हाँ, आर्य समाज के प्रचार से यह कुछ कम तो हो गया था परन्तु थाली तो बजती ही रही है । परिवार की बिना ब्याही लड़की थाली बजाती है । यदि लड़की न हो तो कोई भी दूसरी महिला बजा देती है ।

थाली बजने की आवाज सुन कर पड़ोसनें जच्चा का हाल जानने के लिये आती हैं । उन में से जो ज्यादा प्रेम सम्बंध वाली होती हैं वे लड़के के लिये पोतड़ा भी लाती हैं । वैसे रपैया पोतड़ा अलग से रिवाज़ होता है जिस का जिकर आगे किया जायेगा । क्योंकि पहले छः दिनों तक बच्चे को सिले कपड़े नहीं पहनाये जाते हैं इसलिये उसे कपड़े में लपेटा जाता है । जिस कपड़े

में बच्चा लपेटा जाता है उसे पोतड़ा कहा जाता है । यहीं से यह कहावत बनी है – 'सपूत की पहचान तो पोतड़ा में ही हो जाती है ।'

घर के, गली में लगे, दरवाजे की चौखट पर नीम की टहनी टाँग दी जाती है । पहले तो सब को पता चल जाता है कि घर में बच्चा पैदा हुआ है । दूसरे नीम कीटाणुनाशक होता है और भीतर जाने वालों को शुद्ध कर देता है । इसी प्रकार जच्चा के कमरे के बाहर आग तपती एक 'हारी' रख दी जाती है और जो औरत भीतर जाती है वो पहले अपने कपड़ों को 'हारी' के ऊपर से गुजारती है ताकि वस्त्र कीटाणुरहित हो जायें और शिशु को हानि न हो ।

हाँ, अब बच्चे हस्पतालों में पेट चीर कर पैदा होते हैं इसलिये न तो जच्चा की वो पीड़ा रही और न ही वह थाली बजती है ।

●

ओरनाल काटना एवं घूँटी पिलाना

जब बच्चा पैदा होता है तो उस का शरीर माँ के शरीर से एक पतले से तन्तू द्वारा जुड़ा होता है। इस तन्तू को ओरनाल कहा जाता है। इसी तन्तू द्वारा शिशु माँ के शरीर से भोजन प्राप्त करता रहता है। गर्भ से बाहर आते ही इस तन्तू को काट दिया जाता है। क्योंकि आम घरों में पहले सब्जियाँ चीरने के लिये दरान्त नाम का एक औजार होता था उसी से यह ओरनाल काट दी जाती थी। कई तो दरान्ती से भी काटते रहे हैं। क्योंकि यह कीटाणु रहित नहीं होती इसलिये बच्चे को सैप्टिक होने का भय रहता रहा है। इस ओरनाल को घर के आँगन में दबा दिया जाता है।

बच्चे को माँ की चूचियों से लगाने से पहले उन्हें अच्छी तरह धोया जाता है। वैसे तो मकसद उन्हें कीटाणु रहित करने का ही होता है। कई तो साधारण पानी से धो देती हैं, कुछ पानी में गंगाजल डाल कर धोती हैं और कुछ जल में थोड़ा दूध डाल कर हरी-ताजी दूब से धोने की रस्म अदा करती हैं। यह रस्म बच्चे की बुआ के जिम्मे होती है। इस रस्म के लिये बुआ को उपहार मिलता है। नकद रुपये या कोई जेवर देने का चलन रहा था।

सबसे पहले तो शिशु का मुँह साफ करके घूँटी पिलाई जाती है और मुँह खोलते ही उसकी जबान से कोई कीमती धातु को छुआया जाता है। घूँटी में आमतौर से शहद चटाया जाता है। बाकी बाजारी घूँटियाँ भी पिलाते हैं। हाँ जल में तुलसी के पत्ते व थोड़ी खाँड मिलाकर घूँटी भी बनाई जाती है। घूँटी बच्चे की ताई या दादी पिलाती है।

●

छठी

पहले मानव का जन्म कैसे हुआ इस बात पर मतभेद हो सकता है । परन्तु परिवार में जब बच्चा पैदा होता है तो खुशी जरूर मनाई जाती है । यह बच्चा ही संसार की गाड़ी को आगे ले जाता है । सदियों से बच्चे पैदा हो रहे हैं – वे जवान होते हैं – बूढ़े होते हैं और फिर संसार से चले जाते हैं । इसी को आवागमन कहा जाता है । बच्चा जब पैदा होता है तब माँ को बहुत पीड़ा होती है । परन्तु बच्चे का गर्भ से बाहर आ कर माँ को दिखाई देना इस सारी पीड़ा को छूमन्तर कर देता है । बच्चा पैदा होते समय माँ दर्द से चीखती है चिलाती है और बेसुध हो जाती है । परन्तु बच्चे का मोह इस सारी वेदना को भुला देता है । माँ जब नवजात शिशु को अपने शरीर से लगाती है तो उसे अनन्त खुशी मिलती है । यह बच्चा माँ का अंग होता है और उस पर सबसे पहला अधिकार भी उसी का ही होता है । इसीलिये माँ एक स्वप्न सँजोती है कि ये बड़ा हो कर मेरा सहारा बनेगा । क्या ऐसा सपना देखना अव्यवहारिक है ?

कहते हैं कि 'बेमाता' बच्चे का भाग्य लिखती है और यह काम वो बच्चा पैदा होने के छः दिनों में पूरा करती है । इन पहले छः दिनों में बच्चे को सिले हुये कपड़े नहीं पहनाये जाते हैं । इसके पीछे वैज्ञानिक तथ्य यह है कि जब माँ नंगे बच्चे को अपने शरीर से लगाती है, तो माँ के शरीर की गर्मी शिशु में जल्दी चली जाती है । यह गर्मी शिशु के लिए बहुत बड़ी पोषक होती है । गाय भी अपने नये पैदा हुए बच्चे को जीभ से लगातार चाटती है – उसे गर्मी देती है । जो बच्चा अच्छी तरह चाटा जाता है वो जल्दी उठ कर

चल पड़ता है । यही प्रकरण मानव के लिये भी है । इसलिये पहले पाँच दिनों तक बच्चे को नंगा रखा जाता है । छठे दिन शिशु को कपड़े पहनाये जाते हैं । इस कपड़े पहनाने वाले रिवाज़ का नाम 'छठ्ठी' होता है ।

परिवार की सारी महिलाएँ इकट्ठी होकर गीत गाती हैं और बच्चे की ताई उसे एक कुर्ता पहना देती है । देहात में तो अड़ोस-पड़ोस की महिलाओं को छठ्ठी के गीत गाने के लिये न्यौता दिया जाता है । भला जब गीत गाए जायें तब बाकली न बाँटी जायें यह तो हो ही नहीं सकता । हाँ, आज-कल हम अपनी बाकलियों की पोषकता को भूल कर आधुनिकतावश-लड्डू, पतासे या और दूसरी मिठाई बाँटने लगे हैं । कुछ लोग तो इस दिन सारे रिश्तेदारों व मित्रों को खाना खिलाते हैं । इस मौके के गीत भी अलग होते हैं और ढोलकी की ताल पर जब ये गीत गाए जाते हैं तो ऐसा लगता है कि साक्षात् बेमाता ही यहाँ आ गई हो । मगर टी.वी. व सिनेमा के चलन ने हमारे इन रिवाज़ों में खोट मिला दिया है । कैसट लगा कर, उस पर ढूँगे मटकाती युवतियाँ छठ्ठी की सौम्यता को उच्छृंगलता में बदल देती हैं । लोग इसे भी खुशी मनाना कह कर अपनी परम्पराओं को बिगाड़ने में सहायक होते हैं । परम्पराएँ जो बनाई गई थीं उनके पीछे सार्थक तथ्य थे और बिगाड़ने में कोरा फूहड़पन भरा होता है ।

घर परिवार की बेटी, घर के बाहर दीवार पर अपने हाथों के निशान, जिसे थापा कहा जाता है लगाती है-एक महेन्दी का और दूसरा गेरू का । इस निशान को देखकर आने-जाने वालों को बच्चा पैदा होने का पता चल जाता है । दूसरे 'बेमाता' को भी घर ढूँढ़ने में सहायता मिलती ।

छठ्ठी का अवसर तो सात्विक व पवित्र संस्कार होता है । पढ़े-लिखे होने का सीधा-सा अर्थ होता है कि अनपढ़ों से कुछ ज्यादा समझदार अर्थात अपनी संस्कृति पर गर्व करना । परन्तु आज का पढ़ा-लिखा वही है जो अपनी संस्कृति से घृणा कर और दूसरों की संस्कृति से ऐसे ही चिपटे जैसे बन्दरिया अपने मरे बच्चे को चिपटाये फिरती है ।

●

रपैया-पोतड़ा

हमारे हरियाणा में बच्चा पैदा होने से लेकर बड़ी उम्र में मृत्यु होने तक भी खुशी मनाने का रिवाज़ रहा है । वैसे हरियाणा कृषि-प्रधान प्रदेश है । कृषि के कुछ काम ऐसे होते थे जो पुरुष ही कर सकते थे जैसे हल चलाना, रात को खेत में पानी लगाना, पानी वाले खाल को खोद कर साफ करना, फसल से दाने निकालने के लिये पशुओं को चला कर उसे उलट-पलट करना आदि । इसलिये हरियाणवी समाज पुरुष-प्रधान बन गया । इस पुरुष-प्रधान समाज में रीति-रिवाज़ भी उसी तरज पर बन गये । क्योंकि वंश-बेल लड़के से चलने लग गई । इसलिये लड़का पैदा होने पर खुशी मनाई जाने लगी । कई बार किसी के घर पहले दो-तीन लड़कियाँ पैदा हो जायें और फिर लड़का हो जाये तो खुशी का ठिकाना ही नहीं रहता है । इसी प्रकार जब शादी के 8-10 साल तक बच्चा न हो और फिर लड़का पैदा हो जाये तो खुशी का पार नहीं रहता है । इस प्रकार लाड़ला सा लड़का पैदा होने पर सारे परिवार को तो खुशी होती ही है साथ ही परिवार के यार दोस्तों तथा सगे सम्बंधियों को भी खुशी होती है ।

इस खुशी को दिखाने के लिये हमारे प्रदेश में एक रिवाज़ है 'रपैया-पोतड़ा' । दो चार दस दिन के बच्चे को न तो कपड़ों का, न ही खिलौनों का ज्ञान होता है । मगर इसे ऐसे कपड़े की बार-बार जरूरत पड़ती है जिसे उसके नीचे बिछाया जाये, जिस पर वो पेशाब व टट्टी कर ले । ऐसे कपड़े का नाम पोतड़ा होता है । इसलिये जो भी लड़का होने की खुशी को दिखाना चाहता है वो अपने घर पर बने खद्दर के एक गज कपड़े के चारों पल्ले हल्दी में

रँग कर और एक पल्ले में एक रुपया बाँध कर लाता है । (पहले रुपया चाँदी का ही होता था) । हल्दी को तो कीटाणु मारने वाला पदार्थ समझकर कपड़े पर लगाया जाता है और एक रुपया को शुभ समझ कर बाँधा जाता है । बाद में बच्चे के कुछ झूगले भी साथ में लाये जाने लगे । रपैया–पोतड़ा भेजने वाले की घरवाली कुछ औरतों के साथ गीत गाती व सिर पर परात में यह पोतड़ा रखकर आती है । ज्यादा खुशी में आगे–आगे बाजे वाले भी बाजा बजाते चलते हैं । इन गीतों व बाजे से सारे अड़ोस–पड़ोस में पता चल जाता है कि कौन किस के घर रपैया–पोतड़ा ले कर आया है । घर आने पर कुछ देर मँगल गीत गाए जाते हैं और गीत गाने वालियों में पताशे आदि बाँटे जाते हैं । दूर गुहांड आदि से आई औरतों को दूध पिलाया जाता था — अब तो चाय से ही काम चलाया जाता है । वैसे मर्द भी साथ आते हैं जो लड़के को पुचकारते हैं और आशीर्वाद देते हैं ।

जिसके घर लड़का होता है वह औरत, रपैया–पोतड़ा लाने वाली को 'तील' दिया करती थी पर अब सूट देने का चलन बन गया है ।

बच्चे की बड़ी बहन, बुआ, चाची, ताई भी रपैया–पोतड़ा या लड़के के कपड़े लाती हैं और खुशी को प्रकट करती हैं । मगर उस खुशी के पवित्र चलन को हम लोभ में बदल रहे हैं । कई ढंगों से रुपये एंठने का कार्यक्रम बनाया जाता है जो आने वाले को तो चुभता ही है साथ ही खुशी में भी नकलीपन आ जाता है । इसलिये हमारे परम्परागत रिवाज़ दिखावा कम तथा असल खुशी ज्यादा होते थे । रपैया–पोतड़ा तो बच्चा पैदा होने पर सब से पहला अवसर खुशी मनाने का समझा जाता था । मगर अब तो जन्मदिन के नाम पर हर साल दिखावा कर के सारे गुड़ को गोबर कर देते हैं ।

●

पीलिया एवं हूम

हर क्षेत्र के अपने परम्परागत रीति-रिवाज़ होते हैं । हमारे हरियाणा में तो बच्चे पैदा होने से लेकर मृत्यु तक खुशी मनाने के रिवाज़ रहे हैं । सच्चाई तो यह है कि हमारे लोगों को खुशी मनाने का कोई बहाना चाहिये । वे यारों प्यारों की खुशी में तो शामिल होते ही हैं, अपने रिश्तेदारों की खुशी में भी पीछे नहीं रहते । ब्याही लड़की की दादी व माँ इस इंतजार में रहती हैं कि लड़की माँ कब बने । लड़की की ससुराल वाले भी बच्चा पैदा होते ही नाई को भेली (पहले चार सेर गुड़ का बड़ा डला बनता था) लेकर बहू के पीहर इस खुशी की खबर देने के लिये जल्दी से जल्दी भेजते हैं । अगर बच्चा लड़का होता है तो पीहर वाले नाई को पहले दोहर दिया करते, अब बात कम्बल पर आ गई है । नाई वापस आ कर बड़े चटकारे ले कर सम्धाने की बात बताता था– बहू के भाई, दादी, माँ, भाभियाँ, चाची, ताई को यह खबर सुन कर कैसा लगा । यदि नाई को वहाँ पर घी-बूरा से रोटी मिली है और 'दोहर' का इनाम मिला हो तो हँस-हँस कर सम्धाने की तारीफ के पुल बाँध देता है और अगर बस सादा खाना मिला हो और छोटी-मोटी चादर देकर टरका दिया हो, तो टेढ़ा मुँह बनाकर अपनी प्रतिक्रिया दे देता है । हाँ, वह यह पक्की सूचना लाता है कि पीहर वाले इस खुशी का उपहार ले कर कब आ रहे हैं – बच्चा पैदा होने की खुशी में पीहर से आने वाले उपहार का नाम ही पीलिया होता है ।

इस उपहार में मुख्य वस्तु एक पीले रंग का ओढ़ना होती है । इसीलिये इस उपहार का नाम पीलिया पड़ गया था । जच्चा के लिये साँधा (आटा,

खाँड, गोंद, घी, मेवों से बना पकवान) व कपड़े, बच्चे के कपड़े व खिलौने तथा सास-ससुर, देवरानी-जेठानी, दादस के कपड़े आते हैं। परिवार की बड़ी औरत इन कपड़ों की गठरी को खोलती है। यह गठरी खोलना बड़ा सम्मान माना जाता है। यदि गठरी खोलने के हक वाली महिला से गठरी न खुलवाई जाये तो वो महिला लम्बे समय तक हक मारने का उलहाणा देती रहती है। यदि बच्चा लड़का होता है तो नानी तागड़ी में चाँदी के छोटे-छोटी घूँघरू लगवा कर भेजती है और लड़की की कडूली भेजने का चलन रहता है। सम्धाने से आये साँधे में से थोड़ा-थोड़ा सब को बाँटा जाता है। कई बार जच्चा के लिये अलग तथा बाँटने के लिये थोड़े घी वाला, अलग से साँधा भेजा जाता है। इस साँधे को सीधा 'गूँद' भी कहा जाता है।

जब बच्चा दस दिनों का होता है तब घर में 'हूम' कराई जाती है। यही नामकरण संस्कार भी होता है। यह संस्कार 16 संस्कारों में बहुत ही महत्त्वपूर्ण होता है। जब हवन होता है तब जच्चा बच्चे को लेकर वहाँ पीला ओढ़ना ओढ़ कर बैठती है। जब बहू की माँ या दादी को यह पता चलता है कि बेटी आशाभेद हो गई है, तभी से इस ओढ़ने को तैयार करना शुरू कर दिया जाता है। वैसे तो सफेद कपड़े को पीला रंग देना ही काफी होता है, परन्तु कई महीने लगाकर इसे बाँधा जाता है। कपड़े को चुटकी से पकड़कर धागे से बड़ा सख्त बाँधा जाता है। यह बन्धन बड़े आकर्षक डिजाईनों में होता है और फिर पीला रंग दिया जाता है। जहाँ धागा बंधता है वहाँ पर रंग नहीं लगता है जिससे सफेद गोल बिन्दियाँ बन जाती हैं। वैसे सादे पीले कपड़े पर चारों तरफ गोटा लगाने का भी चलन है।

सास द्वारा बनाया साँधा तथा जमाण (अजवाईन को महीनाभर घी में भिगो कर तैयार) तो जच्चा खाती ही है परन्तु वह माँ, दादी, चाची व ताई के हाथों बना 'गूँद' खाकर ऐसा महसूस करती है कि उसकी कमजोरी छूमन्तर हो रही है। इस साँधे में डाला गया कीकर के पेड़ का गोंद अन्दर से सारी अन्तड़ियों को मजबूत बना देता है। यही साँधा खाकर तो हमारे गाँव की महिलाएँ जल्दी से खेतों में काम करने के लिये फिर से तैयार हो जाती हैं। आपने देखा होगा की पहाड़ों पर या सर्दियों में धुँध पड़ने पर गाड़ियों पर पीली लाईट का प्रयोग किया जाता है अर्थात् पीला रंग आँखों तथा शरीर के दूसरे अंगों को कुप्रभाव से बचाता है। इसलिये जच्चा को पीला ओढ़ना

उढाया जाता है जो पीलिया के रूप में माँ की ओर से उपहार होता है ।

आज आधुनिकता की अंधी दौड़ हमारे परम्परागत रिवाज़ों को, जो बड़े सोच समझ कर बनाये गये थे, महत्त्वहीन बना रही है । भला पेट चिरवा कर बच्चा पैदा करने वाली महिलाएँ बच्चा पैदा होने वाले दर्द को क्या जानें ? जब दर्द नहीं तो गूँद पँजीरी किसे भाये ? पीला बँधेजी ओढ़ना, फैशन शो वाली तो ओढ़ कर स्टेज पर फुदक जायेगी, परन्तु हमारी आधुनिक नवयुवतियों को बाबा आदम का रिवाज़ लगता है । माँ के हाथों बने पौष्टिक साँधे में विटामिन ए व डी का खोखलापन व चमक धमक पैकिंग वाला तथा अंग्रेजी नाम से जाना जाने वाला खाद्य पदार्थ नजर नहीं आता है । ऐसी सोच के बीच यदि पीलिया अपनी शान खो दे तो कोई आश्चर्य नहीं ।

●

कुआँ पूजन

पुरुष प्रधान समाज में लड़का होना ही महत्त्वपूर्ण माना जाता है और अधिकतर रीति-रिवाज़ भी सनातन धर्म के आधार पर बने हुये हैं जिनमें लड़की का पैदा होना बहुत खुशी का अवसर नहीं माना जाता है । लड़की क्योंकि पराया धन माना जाता है और लड़का पितरों का तर्पण करने का जिम्मेवार माना गया है । इसलिये कुछ ऐसे रीति-रिवाज़ हैं जो केवल लड़का पैदा होने पर ही माने जाते हैं । हमारे यहाँ देहात में पीने व खाना बनाने के लिये पानी कुएँ से लाया जाता रहा है और यह काम भी महिलाओं का ही था । जब बच्चा पैदा होता है तो जच्चा को घर से बाहर नहीं जाने दिया जाता है । 10 दिनों तक तो उसे पर्दे में ही रखा जाता है । समझा यह जाता है कि शारीरिक कमजोरी आ जाने के कारण महिला एक महीने तक तो काम करने के योग्य नहीं रहती है । एक महीने तक खूब पौष्टिक-गूँद-साँधा, पँजीरी आदि खा कर वह सामान्य काम करने के योग्य हो जाती है । क्योंकि कुएँ से पानी लाना सबसे जरूरी काम होता है और कुआँ हमें शुद्ध शीतल जल देता है इसलिये जच्चा को सबसे पहले कुएँ पर ले जाया जाता है । वह पीलिया में आया अपना ओढ़ना ओढ़ कर दो घड़े सिर पर रख कर गीत गाती महिलाओं के साथ कुएँ पर जाती है । पहले दिन बाजरे में कुछ गुड़ मिला कर रख दिया जाता है । इसे मीठा बाजरा बोला जाता है । उस बाजरे को थोड़ा तो कुएँ में डाल दिया जाता है और बाकी पंछियों के वास्ते कुएँ के चबूतरे पर फैला दिया जाता है । जच्चा जो आज के दिन से जच्चा नहीं रहेगी, कुएँ के गिर्द घूम कर पूजा करती है और फिर पानी निकाल कर अपने घड़े भरती है । वैसे पहले तो कुम्हार से

नये मटके आते थे मगर अब तो पीतल या स्टील के दो छोटे-छोटे बन्टे ही सिर पर रख लिये जाते हैं । कई बार तो दो छोटे लोटों से ही काम चला लिया जाता है । महिलायें गीत गाती उसे वापिस घर ले आती हैं । उन मटकों को रसोई में या चूल्हे के पास रखा जाता है । रसोई में पितरों का वास समझा जाता है इसलिये इस प्रकार से लाया गया जल पितरों को अर्पण समझा जाता है ताकि वे इस नये आये परिवार के सदस्य पर प्रसन्न हो कर आशीर्वाद की झड़ी लगा दें ।

इस कुआँ पूजन के अवसर पर लाड़ला-सा लड़का पैदा होने पर लोग अपने रिश्तेदारों व यारों प्यारों को भी बुला लेते हैं । जब इतने सारे मेहमान घर पर आयें तो कढ़ाई चढ़ा कर मिठाई बनवाई जाती है । दावत तो होती ही है साथ ही उन सब आने वालों को मिठाई भेंट स्वरूप भी दी जाती है । परिवार की ब्याही लड़कियों को कपड़े दिये जाते हैं । ज्यादा खुशी में देवरानियों, जेठानियों, ताईस, पीतस आदि को भी कपड़े दिये जाते हैं । बहू परिवार की बड़ी औरतों के पैरों पड़ती है और वे उसे आशीर्वाद देती हैं – बूढ़ सुहागन हो, बेटे जीयें, भाई भतीजे बने रहें – हमारे क्षेत्र का आशीर्वाद होता आया है । वैसे आने वाले रिश्तेदार भी लड़के के कपड़े व खिलौने आदि लाते हैं । बड़ी खुशी का वातावरण बन जाता है ।

अब गाँव में न तो कुएँ का इतना महत्त्व रहा और न ही उसके प्रति श्रद्धा रही । हाँ एक औपचारिकता के तौर पर 'कुआँ पूजन' की रस्म मनाई तो जाती ही है । नगरों में तो कुएँ बड़ी दूर पर कहीं-कहीं ही होते हैं । इसलिये किसी पास के नल या हैन्डपम्प की पूजा कर के काम चला लिया जाता है । अब जब लड़के व लड़की का भेद मिटता जा रहा है तब इस रिवाज़ में भी बदलाव ला कर लड़की के पैदा होने पर कुआँ पूजा जाना समय की माँग है ।

•

दसूटण

कई बार कई परिवारों में बहू को कई वर्षों तक बच्चा नहीं होता । कई परिवारों में पहले कई लड़कियाँ हो जाती हैं । ऐसे परिवारों में लड़के का पैदा होना एक विशेष खुशी का मौका होता है । वैसे भी कई खाते-पीते घरों में पहला-पहला लड़का हो जाना भी इसी श्रेणी में आता है । भला परिवार में विशेष खुशी का अवसर आये और उसे यारों प्यारों, सगे सम्बंधियों में बाँटा न जाये तो कैसी खुशी ? बस जश्न मनाने की तैयारी शुरू हो जाती है । भाई-बंधों को इकट्ठा करके उनके सामने खुशी मनाने की मनसा रख दी जाती है । वैसे तो लोग यों लड़का होते ही कहने लग जाते हैं – 'लड्डू खाने का मौका आ गया' फिर भी हमारी संस्कृति में ऐसे निर्णय चार भाईयों द्वारा ही लिये जाते हैं । इसलिये खुशी के आयोजन करने के प्रस्ताव पर मोहर लगवा ली जाती है । इस सलाह का एक दूसरा पहलु भी है । यदि कोई भाई-बंध किसी बात से नाराज चला आ रहा हो तो वह ऐसे सलाह मसौरे से राजी हो जाता है । इस, लाड़ला-सा लड़का होने की खुशी में आयोजन करने का नाम दसूटण होता है ।

सबसे पहले, कोई 15 दिन पहले चार भाई इकट्ठे बैठकर अपने गाँव से बाहर से बुलाये जाने वालों को चिट्ठियाँ लिखते हैं । इन में सभी सगे सम्बन्धियों को बुलाया जाता है । अपने गाँव के साथ लगते गाँवों में अपने मिलने वालों को जिन्हें गुहाँडी भाई कहा जाता है, भी बुलाया जाता है । पहले चिट्ठियाँ हाथ से ही लिखी जाती थीं । उन पर थोड़ी हल्दी लगा कर थोड़े चावल भी रखे जाते थे । नाई उन चिट्ठियों को लेकर, अपने टटवे पर सवार

होकर, गाँव-गाँव देकर आता था । अपने गाँव में चार भाई साथ जा कर घर-घर न्यौता देते हैं । वैसे कई बार अकेला नाई भी जीमण की खबर गाँव वालों को घर-घर जा कर देता है । फिर चार भाई इकट्ठे जा कर नजदीक के बाजार से, सामान खरीद कर लाते हैं । पहले तो लड्डू खाँड से बनाये जाते थे, अब चीनी का चलन हो गया है । खाँड खरीदने से पहले कई दुकानदार परखी से खाँड निकाल कर कई आदमियों के हाथों पर रख देते थे । वे उसका गल्ला मार कर उसकी क्वाल्टी की परख करते थे । पूरी परख हो जाने पर ही खाँड खरीदी जाती थी । पहले तो देशी घी से ही मिठाईयाँ बनती थीं मगर अब तो रेली घी के पीपे लाये जाते हैं । बेसन, थोड़ा पीला रंग व पत्तलें भी खरीदी जाती हैं । महमानों की संख्या को ध्यान में रखकर हलवाई कई दिनों पहले बैठाया जाता है । इसे कढ़ाई चढ़ाना कहा जाता है । जब देशी घी में लड्डू बनते थे और घी की खुशबु सारे मोहल्ले में फैलती थी तो लोग हलवाई के पास ही चारपाईयाँ बिछा कर वहीं होक्के बजाते थे । नाई भट्ठी में लकड़ी डालता-डालता नये से नया मखौल सुनाता था । सभी खुल कर हँसते थे ।

परिवार की लड़कियाँ कई दिन पहले आ जाती हैं । वे बच्चे के कपड़े लाती हैं । 'कलेवारसी' - नौ-दस बजे - जीमणवार शुरू हो जाती है । पहले एक आदमी पत्तल धरता जाता है । दूसरा पानी के लिये सकोरा रखता है । तीसरा पानी डालता जाता है । फिर आता है लड्डू वाला । पहले चार-चार लड्डू रखे जाते हैं और फिर घूम-घूम कर पूछ-पूछ कर लड्डू परोसे जाते हैं । जब लड्डूओं से तृप्ति हो जाती है तो चरचरा मुँह करने के लिये साग पूरी दी जाती है । इस बात का विशेष ख्याल रखा जाता है कि जब तक जीमणवाला लड्डू लेने से इन्कार न कर दे, साग पूरी नहीं दिये जाते, वरना बुरा माना जाता है । जो जीमता जाता है वो लड़के के हाथ पर रपैया रखता जाता है । कई बार ऐसे मौके पर बाजा भी बजवाया जाता है । जब लोग जीम रहे होते हैं और बाजे वाले रागनी की तरज पर धुन बजाते हैं तब ऐसा लगता है जैसे स्वयं देवता आशीर्वाद देने आ गए हैं । महिलाएँ भी मंगल गान गाती हैं । रिश्तेदारों को विदाई पर लड्डू की पोटली थमा दी जाती है तथा लड़कियों को कपड़े दिये जाते हैं ।

मगर पिछले कुछ वर्षों से हम दसूटण के स्वरूप को बिगाड़ रहे

हैं । इसे खुशी का मौका न मान कर लोभ का सौदा बनाने लगे हैं । ढेर सारे कार्ड छपवाकर बाँट दिये जाते हैं और यह अनुमान लगाया जाता है कि आने वाला कुछ तो देकर जायेगा । लोग मँहगे तोहफे भी लाते हैं । जो लेते समय तो आनन्द देते हैं मगर देते वक्त चुभते हैं । अच्छा तो यही है कि हम दसूटण को दसूटण ही रहने दें इसे लालच का साधन न बनाएँ । यदि लड़की के होने पर भी खुशी मना ली जाये तो खुशी स्थाई हो सकती है ।

●

जापा निकालना एवं चूची धुवाई

जब ब्याही हुई लड़की की भाभी को बच्चा होने के दिन नजदीक आते हैं तो उसका भाई, बहन को अपने घर ले आता है । बहन अपने घर के जरूरी काम छोड़ कर भी भाई के घर आ जाती है । भाई के घर में माँ आदि दूसरी औरतें भी होती हैं । वे भी यह काम कर सकती हैं, मगर ननद का यह हक है कि वो ऐसे शुभ मौके पर आये और भाभी के घर का काम स्वयं सँभाल ले । कोई महीना भर बहन भाई के घर रहती है । इस प्रकार से भाई के घर आ कर भाभी को बच्चा होने पर सारे काम में सहयोग करने को जापा निकालना कहा जाता है ।

एक और खास रिवाज़ है जिस के लिये ननद की जरूरत पड़ती है । जब बच्चा पैदा हो जाता है तब बच्चे को माँ का दूध पिलाने से पहले माँ की चूचियों को धोया जाता है और फिर बच्चे का मुँह लगवाया जाता है । इस के पीछे भी बड़ा रहस्य छिपा होता है । हमारे सारे रिवाज़ आज भी विज्ञान की कसौटी पर खरे उतरते हैं । जब गर्म पानी से माँ की चूचियों को अच्छी तरह धोया जाता है तब एक तो चूचियों पर आई सोजिस उतर कर थोड़ी नर्म हो जाती है ताकि नवजात शिशु उन्हें दबा कर दूध पी सके और दूसरे चूचियाँ अच्छी प्रकार से धुल कर पवित्र हो जायें । यदि कोई कीटाणु आदि लगे हों तो वे भी साफ हो जायें ताकि नए-नए पैदा हुए बच्चे को हानि न पहुँचे । इस विशेष क्रिया को चूची धुवाई कहा जाता है ।

इस चूची धुवाई के लिये ननद को एक खास भेंट मिलती है । यह भेंट भाई की आर्थिक स्थिति पर व भाभी के स्वभाव पर निर्भर करती है । यदि

प प पहला–पहला लड़का हुआ है तो यह भेंट ज्यादा ही बड़ी होती है । पहले तो भाई अपनी बहन को मुँह माँगी चीज दे दिया करता था । खूँटे से खोल कर ताजी ब्याई भैंस दे देने का भी चलन रहा है । बहन के लिये कोई जेवर बनवा देना या बहन का खास काम साधने वाली चीज दे देना, ठीक समझा जाता है ।

वैसे भी जब बहन महीना भर भाई के घर रह कर सारे काम धन्धे को सम्भालती है और जब वह अपने घर वापिस जाने लगती है तो बहन के लिये कई जोड़ी कपड़े भेंट किये जाते हैं जिन्हें अपने घर जाकर अपनी देवरानियों, जेठानियों, पीतसों, ताईसों, सास व पड़ोसनों को बड़े गर्व से दिखाती है । ये महिलाएँ भी बड़ी उत्सुकता से पूछती हैं कि चूची धुवाई में क्या मिला । कई बार सास को भी गठडी खुलवाई में तील (कपड़ों का जोड़ा) मिलती है और सास कई महीने तक इस तील का किस्सा औरतों को सुनाती रहती है । अगर बहन को भाई के पास से उस की आशा अनुसार थोड़ा मिले, तो अगली बार जापा निकालने आने में आना–कानी का भय भी बन जाता है ।

फिर भी हमारे रिवाज़ों में रिश्तों को जोड़े रहने की भावना होती है और यह भावना हमें बना कर रखनी चाहिये ताकि हम आज कल की आँधी में न उड़ जायें ।

●

छूछक

जैसा सब को पता है कि कृषि-प्रधान क्षेत्र होने की वजह से हमारा प्रान्त पुरुष प्रधान समाज का रहा है । यहाँ लड़के व लड़की में सामाजिक तौर से बड़ा अन्तर रहा है । वैसे तो माँ-बाप लड़का पैदा होने पर लड़की के मुकाबले ज्यादा खुश होते ही हैं साथ ही साथ लड़का पैदा होने पर रिवाज़ भी कुछ ज्यादा ही हैं । कहते हैं कि लड़के का अधिक महत्त्व इसलिये है क्योंकि इससे वंशबेल बढ़ती है । कुछ ऐसे भी रिवाज़ हैं जिनसे यह खुशी लड़के के नाना के परिवार में भी दौड़ मारती है ।

लड़का पैदा होने पर नाना के घर से पीलिया तो आता ही है साथ ही जब लड़का पाँच-सात महीने का हो जाता है तो उसकी माँ उसे लेकर अपने पीहर में कुछ दिनों के लिये रहने आती है । पहले तो दो-दो महीने के लिये लड़की का पीहर आकर रहना एक आम बात थी और जब वह वापिस जाती है तो माँ-बाप अपनी आर्थिक हालत के अनुसार उसे कपड़े दिया करते हैं । मगर जब नये लड़के को ले कर आती है तब न केवल लड़की के कपड़े बल्कि बच्चे के कई जोड़ी कपड़े, खिलौने, सास-सुसर व दामाद के लिये भी कोई न कोई कपड़ा दिया जाता है । इस रिवाज़ का नाम छूछक होता है । कहावत है कि लड़की का ब्याह करने से ही माँ-बाप का पीछा नहीं छूटता है, भात और छूछक का जंजाल तो लगा ही रहता है । वैसे इस चलन के पीछे एक छुपा हुआ रहस्य होता है कि छोटा बच्चा रहते पत्नी पति से दूर रहे ताकि माँ के स्तानों से दूध की मात्रा अधिक बनी रहे जिससे लड़का हृष्ट-पुष्ट बने और आगे चल कर सुडौल व स्वस्थ शरीर का धनी बने ।

जब लड़की बच्चे को गोद में लिये अपने माँ-बाप वाले गाँव में घुसती है तब जो भी औरत उसे देखती है वही बच्चे को पुचकारती हुई कहती है— 'अच्छा, छूछक लेने आई है' ।

वैसे छूछक—चूचक का बिगड़ा स्वरूप है — अर्थात चूची पीता हुआ शिशु । ऐसे ही बेटे को लेकर तो पहली बार आती है माँ । फिर भी इस प्रकार से माँ-बाप के पास आ कर रहना कुछ महत्त्वपूर्ण स्वाल पैदा करता है । जो माँ-बाप आर्थिक तौर से ठीक हैं और बेटी को कुछ न कुछ देते रहने की प्रवृत्ति वाले हैं उनके लिये तो यह छूछक वाला रिवाज़ ठीक है मगर जिन माँ-बाप की माली हालत कमजोर है या आदत से लोभी हैं उनके लिये यह रिवाज़ खुशी वाला न होकर एक बोझ बन जाता है । इसी बोझ के कारण ही लड़की का पैदा होना अच्छा नहीं समझा जाता है । मगर रिवाज़ तो रिवाज़ है उसके अन्दर छिपी भावना का ही महत्त्व होता है चाहे कोई समझे या न समझे । जब मामा-मामी भानजे को गोद में उठाते हैं तब उन्हें एक विशेष प्रकार का अनुभव होता है जो बहन-भाई के रिश्ते को और अधिक मजबूत करता है ।

●●

ब्याह सम्बन्धी रिवाज़

सगाई

पहले हर आदमी अपनी औलाद के प्रति बहुत ही ज्यादा जिम्मेदारी समझता था । अपने लड़की-लड़के का ब्याह कर देना सबसे बड़ी जिम्मेदारी समझी जाती थी । ब्याह करना अकेला अपने बस की बात नहीं होती है । इसमें लड़की के लिये वर तलाशना तथा लड़के के लिये बहू का मिल जाना मुख्य बात होती है । हमारे हरियाणा में अपनी लड़की के लिये वर तलाशने के लिये परिवारजन अपने गाँव के साथ लगते गाँवों से परे लड़का देखने जाते हैं अर्थात् अपने गाँव के साथ लगते गाँवों में रिश्ता नहीं होता है । वे तो गुहाँडी भाई हुए । तो फिर अपने गाँव की बाबत तो सोचना भी पाप समझा जाता है । गाँव की बेटी सारे गाँव की बेटी समझी जाती है । रिश्ता अपनी ही बिरादरी में होता है तथा अपने, माँ व दादी के गोत्र में नहीं होता है । पहले नानी का गोत्र भी छोड़ा जाता था परन्तु अब ऐसा नहीं होता है और कहने लग गये हैं कि नानी तो कानी हो गई । कई ऐसी बिरादरियाँ हैं जिनमें इतने गोत्र बचा पाना बहुत ही कठिन होता है । उन बिरादरियों में अपना व माँ का गोत्र ही छोड़ा जाता है । अग्रवालों में तो बस अपना ही गोत्र बचाया जाता है । पहले तो लड़का शक्ल-सूरत का ठीक हो, फिर लड़के का घर परिवार ठीक हो और अन्त में गोत्र न मिलते हों, रिश्ता तय करने में बड़ी कठिनाई पैदा करते हैं । ये तीनों बातें किसी परिवार में ठीक मिल जाना बहुत चक्कर कटवाता था । रिश्तेदार किसी गाँव में लड़का बताते हैं । वहाँ जा कर इन बातों की तसल्ली की जाती है । सब से पहले लड़का देखा जाता है । लड़के के घर पर भी नजर मारी जाती है । यह दोनों बातें खरी मिलने के बाद गोत्र मिलाये

जाते हैं । अब लड़के की पढ़ाई, उस का रोजगार लगना तथा आमदनी भी महत्त्वपूर्ण मुद्दा बन गया है । ये सारी जाँच-पड़ताल ठीक-ठाक हो जाने के बाद परिवार जनों में सलाह मसौरा किया जाता है । कोई चट्टा-बट्टा न मिलने पर ही रिश्ता तय करने का निर्णय लिया जाता है । इस निर्णय की खबर लड़के वाले को दे दी जाती है । ऐसी सूचना मिल जाने पर लड़के वाला भी अपना पेटा भरता है । वह अपने ढंग से अपनी पूरी तसल्ली करता है । दोनों तरफ से हरी झण्डी मिलने के बाद ही रिश्ता तय किया जाता है । लड़की वाला, लड़के वाले के घर जाकर रिश्ता पक्का होने की मोहर मारता है । इसी रस्म का नाम सगाई होता है । लड़की वाला अपने बड़े बुजुर्ग व चार भाइयों को साथ लेकर लड़के वाले के घर जाकर रामरमी दे देता है । हुक्का पानी पीने के बाद लड़के वाले को कहा जाता है कि अपने आदमियों को बुला लो । वैसे तो, लड़की वाले चार आदमी आने के बाद ही लड़के वालों को पता चल जाता है कि आज लड़के की सगाई करने आये हैं, फिर भी एक औपचारिकता के नाते लड़की वाला अपनी रजामंदी प्रकट करता है । नाई को भेज कर अपने मिलने वालों को सगाई होने की सूचना दे दी जाती है । सगाई करने वालों का खाना भी बनवाया जाता है । इस दिन लड़के वाले के घर में बड़ी खुशी का माहौल होता है । घर की महिलाएँ भी दौड़-दौड़ कर, बड़े चाव से काम करती हैं । बैठक में 10-15 चारपाईयाँ बिछा दी जाती हैं । एक-दो फालतू हुक्कों का भी प्रबंध पड़ोस से कर दिया जाता है । एक दोलड़ा या दरी जमीन पर बिछा दी जाती है । बीच में पाटड़ा रख दिया जाता है । एक पराँत जिसमें एक लोटा पानी का, थोड़े चावल, हल्दी व नाला रख कर पाटडे के साथ रख दी जाती है । इतने में महमानों का खाना बन जाने की इतला आती है । लड़की वालों को रोटी जीम लेने की प्रार्थना की जाती है । वे थोड़ा हिलो-हुज्जत-सी कर के खाने के लिये चलते हैं । लड़की का बाप, ताऊ व दादा आदि खाना खाने में हिचक सी करते हैं । वहीं बैठे लोग कहते हैं-रपैया देने से पहले रिश्तेदारी नहीं बनती हैं इसलिये खाना खाने में कोई शर्म नहीं है । ऐसा कहने पर एक आध को छोड़ कर सभी लड़की वाले खाना खा लेते हैं । वे खाना खाते-खाते भी लड़के वाले के घर को नजरों में से निकालते हैं ।

खाना खाने के बाद लड़की वाले कहते हैं – बुलाओ लड़के को ।

लड़का आ कर पाटडे पर बैठ जाता है । लड़की क दादा, ताऊ या पिता जो भी घर में बड़ा हो, लड़के को हल्दी का टीका करके, थोड़े चावल भी माथे लगाता है और एक रुपया उसे पकड़ा देता है । टीका करते समय लड़के का सिर ढका होता है । शहरों में ऐसे मौके पर पुरोहित को भी बुला लिया जाता है और रुपये के साथ एक नारियल भी लड़के की झोली में डाल दिया जाता है । महिलाएँ इस मौके के मंगल गीत गाती हैं । लड़का झोली लेकर माँ के पास जाकर उसे दे देता है । आने वालों को कुछ मीठी चीज बाँटी जाती है- गुड़, शक्कर, पतासे, लड्डू । यह रस्म रिश्ते को पक्का करती है । टीका हो जाने के बाद, लड़के के बुजुर्गों को भी एक-एक रुपया दिया जाता है जिसे मान कहा जाता है । मगर आज कल लोभ के वशीभूत होकर हम लोग पवित्र रस्म को सौदेबाजी में बदल कर रिश्ते में कड़वास पैदा करने लगे हैं ।

●

ब्याह की चिट्ठी

सगाई हो जाने के बाद, दोनों पक्ष आपसी बातचीत से ब्याह की तारीख तय कर लेते हैं । यह तारीख तय करते समय पहले इस बात का ख्याल रखा जाता था कि ब्याह की तारीख के नजदीक दोनों पक्षों के पास ब्याह के लिये खर्च करने के लिये रुपये-पैसे का प्रबन्ध हो । हमारे हरियाणे में ज्यादातर लोग खेतीबाड़ी की आय से ही जीवन यापन करते हैं, इसलिये फसल घर में आने के बाद ब्याह करने का चलन रहा था । क्योंकि पहले बारात बैल-गाड़ियों से ही आती थी इसलिये बैलों को भी खेत के काम से फुर्सत का समय देखा जाता था । पहले बारात दो-तीन दिनों तक रुकती थी, इसलिये सबके लिये बिस्तारों का प्रबन्ध भी करना पड़ता था तथा बारात लेकर आये बैलों को भी बाँधने तथा घी-दाने का उचित इन्तजाम करना होता था । इसलिये ब्याह बसाख उतरते, जैठ के महीने में ही किये जाते थे ताकि सर्दी के मौसम में ज्यादा परेशानी न उठानी पड़े । अब रिवाज़ काफी बदल गया है । लोग नौकरियों में चले गये हैं । ऊपर की आदमनी भी होने लगी है और बारात रात को ठहरती ही नहीं है इसलिये सारे साल ब्याह शादी चलते रहते हैं, हाँ बस तारा न डूबा हो ।

हालाँकि दोनों पक्षों को ब्याह की तारीख का पता होता है । पहले लड़की वाला पंडित से पतरा दिखवा कर तिथि तय कर के लड़के वालों को सूचना भेजता था फिर भी लड़की वाला अपने परिवार के चार भाइयों को इकट्ठा करके ब्याह की चिट्ठी लिखवाता है । चिट्ठी पंडित द्वारा ही लिखी जाती है । लड़की वाले सारे बड़े बुजुर्गों की तरफ से लड़के वालों के बुजुर्गों

को राम-राम बांची जाती है । यह ख्याल रखा जाता है कि दोनों तरफ से कोई नाम न छूट जाये । यदि किसी का नाम छूट गया तो वो भाई तो रूठ जाता है और बड़ी मिन्तों से मनाया जाता है । ब्याह की तिथि का पूरा राशिफल लिखा जाता है । कितने बराती आने हैं तथा किस साधन से आने हैं भी लिखा जाता है । वैसे औपचारिकतावश यह लिखा जाता था 'पाँच बाराती एक भारकस' में आ जाना । मगर बारातियों की संख्या तो अब भी नहीं लिखी जाती है । पंडितों की सुविधा के लिये ब्याह की चिट्ठी छपी छपाई मिल जाती है । बस दोनों पक्षों के नाम गाम व तारीख ही लिखनी पड़ती है । चिट्ठी को हल्दी लगाई जाती है जो पवित्रता व शुद्धता की प्रतीक होती है । इसमें थोड़े चावल के दाने व दूब भी रखी जाती है । चावल कृषि खुशहाली का संदेश देता है और दूब परिवारों को दूब की भाँति फैलने का प्रतीक होता है ।

नाई इस चिट्ठी को लेकर लड़के वाले के घर पहुँचता है । पहले नाई का इस तरह आना सारे परिवार में खुशी का जादू कर देता था । कहावत थी 'कै ब्याह आ रहा है' अर्थात ब्याह आना बहुत ज्यादा खुशी का मौका होता था । मगर आज कल तो यह केवल एक औपचारिकता ही समझी जाती है । लड़के वाला अपने भाई-बंधों तथा यारों प्यारों को इकट्ठा करता है और फिर पंडित उस ब्याह की चिट्ठी को पढ़ता है । जिस-जिस की राम-राम बांची जाती है उस-उस की छाती फूल जाती है । नाई से यह पूछा जाता है कि कितने बाराती बुलाये हैं । नाई बिना लाग लपेट के संख्या पंचायत में बता देता है । पहले 50 बारातियों की बारात बड़ी समझी जाती थी परन्तु अब तो यह संख्या लोगों को छोटी लगने लगी है । 200-200 की बारातें भी आने लगी हैं जो ब्याह की पवित्रता को घटाती हैं और मेला संस्कृति को फैलाती हैं । ब्याह की चिट्ठी पढ़ी जाने के बाद, लड़के वाला सभी आए हुये का मीठा मुँह करवाता है । पहले गुड़ या शक्कर बाँट दिया जाता था । फिर पतासे का रिवाज़ बना और अब तो लड्डू बाँटे जाते हैं ।

●

टेवा या लगन

ब्याह की चिट्ठी भेजने के बाद जब ब्याह के 15 दिन रह जाते हैं तब लड़की वाला लड़के वाले को एक चिट्ठी और भेजता है जिसे टेवा या लगन कहा जाता है । लड़की वाला अपने परिवार के लोगों को इकट्ठा करके पंडित को बुलाकर यह लगन-पत्री लिखवाता है । पंडित अपना पत्रा देखकर यह तय करता है कि लड़के के कितने बान हैं और लड़की के कितने । यह चिट्ठी में लिखा जाता है । किस शुभ महूर्त में फैरे लेंगे तथा उनकी कुण्डली का खुलासा किया जाता है । चिट्ठी की शुरुआत लड़की वाले बुजुर्गों की राम-रामी लड़के वाले बुजुर्गों को भेजने से होती है । पंडितों की सुविधा के लिये यह चिट्ठी भी छपी छपाई मिलने लगी है, बस उस कागज में कुछ नाम, तिथि व बान आदि ही लिखने पड़ते हैं । कोई भी शुभ चिट्ठी लिखी जाये उसको हल्दी तो लगाई जाती ही है और उसमें थोड़ी दूब तथा चावल रखे जाते हैं । चिट्ठी पूरी करने के बाद पंडित सब को पढ़कर सुनाता है । उधर घर पर महिलाएँ इस अवसर के लिये खास परम्परागत गीत गाती हैं तथा यह चिट्ठी लड़की की झोली में डाल दी जाती है ।

फिर इस चिट्ठी को लेकर नाई लड़के वाले के घर जाता है । मगर और बहुत सारा सामान साथ होता है – लड़के के कपड़े, लड़के के माँ-बाप के कपड़े, कुछ मीठी चीज । पहले तो पतासे ही बाँधे जाते थे मगर अब मिठाई के डिब्बे भेजे जाने लगे हैं । अनाप-शनाप खर्चे बढ़ा कर परिवार के दूसरे सदस्यों के कपड़े, बच्चों के लिये कपड़े व खिलौने और न जाने क्या-क्या भेजा जाने लगा है । कुछ सज्जन तो शादी पर दिया जाने वाले दहेज की

मोटी-मोटी चीजें इस मौके पर भेज देते हैं ताकि लड़के वाला खुश हो जाये । वैसे ऐसी सौदे-बाजी भी होने लगी है जो एक बुराई को जन्म दे रही है । इतने ज्यादा सामान को लड़की वाले स्वयं लेकर जाते हैं, नाई नहीं ।

जब नाई लड़के वाले के घर पहुँचता है तो लड़के वाला अपने भाई-बंधों को इकट्ठा करता है । सब के बीच में लगन की चिट्ठी पढ़ी जाती है । जिस-जिस के नाम की राम-रामी बांची जाती है वे पंडित के मुख से सुनकर मन ही मन बड़े खुश होते हैं । मान लिये अनजाने या भूल से किसी का नाम लिखना रह जाता है तो वह व्यक्ति बहुत बुरा मनाता है तथा दूसरे उसे समझाते हैं व नाई या लड़की वाले क्षमा माँग कर बात को सँवारते हैं । इस चिट्ठी को भी पंडित पढ़ता है और महिलाएँ मंगल गीत गाती हैं । बाद में थोड़ी-थोड़ी मिठाई सभी में बाँटी जाती है । पहले हमारे देहात में तो शक्कर बाँटने का चलन था बाद में पतासे का हुआ और अब तो कम से कम लड्डू तो हो ही गये हैं वे भी लड़की वाले द्वारा लाये गये । लड़के वाला शायद ही यह मीठा मुँह भी अपने खर्चे से करवाता है ।

यह एक सूचना होती थी कि अब सारे काम छोड़ कर ब्याह की तैयारी की ही चिन्ता करो-इसीलिये इसे लगन भी कहा जाता है । इस चिट्ठी के आने के बाद ही लड़के के कितने बान हैं का पता चलता है । एक तरह से इस लगन-पत्री से ब्याह का काम चालू होता है । मगर आज कल अनाप-शनाप की आय वालों ने इसे एक शुभकार्य न मानकर लोभ व लालच का साधन मात्र बना लिया है जिस का परिणाम हमारे सामने है । यदि 10 ब्याह होते हैं तो बाद में पाँच में खटास पैदा हो जाती है । इसलिये अपने परम्परागत रिवाज़ों को मान्यता देकर उन पर ही चलना सुखमय तथा प्रेममय है ।

बान बैठाना

हमारा समाज कृषि-प्रधान था । कृषि कार्यों में आदमी साफ-सुथरा कम ही रह सकता है । जबकि ब्याह के मौके पर तो लड़के व लड़की को साफ-सुथरा ही दिखाई देना चाहिये । इसलिये ब्याह वाले लड़के व लड़की से, घर व खेत क्यार के काम कराना, कोई हफ्ता भर पहले बंद कर दिया जाता है और उन्हें नहा-धूआ तथा खिला-पिला कर सुंदर तथा स्वस्थ दिखाई देने के योग्य बनाया जाता है । इसी प्रथा का नाम बान है । पंडित के बताये अनुसार उन्हें 5, 7 या 9 दिन पहले बान बैठाया जाता है । बान बैठने के बाद वे कोई काम नहीं कर सकते तथा घर से ज्यादा दूर भी नहीं जा सकते हैं । सुबह के समय परिवार की बहू-बेटियाँ इकट्ठी होकर ब्याह वाले लड़के या लड़की को पाटडे पर बैठाकर नहलाती हैं । तेल व चने के बेसन से बने उबटन, जिसे बटना कहा जाता है, को उसके शरीर पर रगड़ती हैं ताकि रंग निखर आये । इस मौके के गीत गाए जाते हैं । ब्याहला होने की निशानी के तौर पर उसके हाथ पर नाला बाँध दिया जाता है जिसे काँगणा कहा जाता है । भाभी आँखों में काजल डालती हैं । लड़के को लोहे का एक बेन्त दे दिया जाता है । पहले स्वयंवर के लिये तलवार ले कर जाते थे । यह लोहे का बेन्त उसी तलवार का ही प्रतीक होता है । बस फिर तो हर रोज सुबह व शाम इसी तरह गीत गा कर दूल्हे व दुल्हन को नहलाया जाता है ।

परिवार में चाचा, ताऊ एक-एक दिन लड़के व लड़की को अपने-अपने घर बुला लेते हैं । वे सारा दिन वहीं रहते हैं और वहीं खाते हैं । शाम के समय महिलाएँ इकट्ठी होकर, मंगल गान गाकर उसे वहीं पर नहलाती हैं । ब्याही

हुई बहन पाटड़े पर खड़े बनडै का आरता करती है । इस अवसर का भी गीत गाया जाता है और शाम का खाना खाने के बाद उसके सिर पर एक थाली, जिसमें ज्योत जलती है, रखकर गाने गाती हुई घर पर लाती हैं । यह बड़ा रोचक दृश्य होता है । इस मौके के भी खास गीत होते हैं । इन गीतों में जिसके घर बनवाड़ा खाकर आया है, उसका नाम तथा उसकी पत्नी का नाम भी आता है । इस प्रकार सारे अड़ौस-पड़ौस को पता चल जाता है कि आज बान किस के घर था । कई तो ज्यादा ही खुशी मनाने के लिये बाजे वालों को भी बुला लेते हैं । बाजे वाले आगे-आगे अपनी धुन बजाते चलते हैं और पीछे-पीछे ब्याहला/ब्याहली चलती है और महिलाएँ अपने मंगल गान गाती हैं ।

जिसके घर बान होता है उस दिन लड़के व लड़की के सारे परिवार वाले वहीं खाना खाते हैं । खाना साधारण नहीं होता है । इस तरह से 5-7 दिन पूरे परिवार के लिये बड़े खुशी तथा मौज मस्ती के होते हैं – कहावत है 'बानां जैसे मजे हैं' ।

यह बान प्रथा सारे भाईचारे को सुदृढ़ रखने का साधन तो होता ही था साथ ही साथ भरपूर मनोरंजन का भी अवसर होता था । मगर आधुनिकता की अंधी दौड़ में हमारे कुछ पढ़े-लिखे नवयुवक व नवयुवतियाँ इस बान प्रथा को छोड़ने लग गये हैं, जो अच्छा नहीं है । भले ही आज कल के लड़के-लड़की साबुन से रोजाना नहाते हों, परन्तु महिलाओं के बीच मंगल गीतों के फुहारों में नहाना एक देवता रूप होता है । उस प्रथा को बनाए रखना समाज हित में है ।

●

ब्याह

ब्याह हिन्दू समाज के 16 संस्कारों में एक महत्त्वपूर्ण संस्कार है । माँ-बाप अपने बच्चों के ब्याह करने के बाद अपनी जिम्मेदारी पूरी कर लेना समझकर गंगा नहाये समझते हैं । वैसे तो ब्याह की तैयारी ब्याह की चिट्‌ठी आते ही शुरू हो जाती है परन्तु असल बात तो लड़का जिसे बनड़ा कहा जाता है और लड़की जिसे बनड़ी कहा जाता है, अग्नि को साक्षी मान कर, सभी सगे-सम्बन्धियों की हाजरी में, सात फेरों में बंध कर, पति-पत्नी बन जाना होती है । यह एक बड़ा पवित्र मौका होता है । नवयुवक व नवयुवतियाँ के ब्रह्मचर्य आश्रम को पूरा करके गृहस्थ आश्रम में प्रवेश करने की प्रथा को ब्याह कहा गया है । इस ब्याह प्रथा को न केवल हमारे समाज ने जीवन का बड़ा महत्त्वशाली अंग माना है बल्कि सृष्टि को आगे बढ़ाने का साधन मानकर हमारे शास्त्रों ने इसे मानव जीवन की धुरी माना है ।

जिस घर में ब्याह होता है वो अपने आप ही पहचाना जाता है । रंग रोगन हो जाता है । बहन-बेटियाँ कई दिनों पहले आ जाती हैं । बनड़े या बनड़ी के बान बैठने से रोजाना परम्परागत गाने गाए जाते हैं । लड़की वाले के घर तो कई रोज पहले हलवाई आकर मिठाइयाँ बनाना शुरू कर देते हैं । पहले देशी घी से ही पकवान बनाए जाते थे और उसकी सुगंध आस-पास फैल जाया करती थी । लड़के वाले के घर भी दो दिन पहले, चार भाई कढ़ाई के पास, चारपाइयों पर बैठ कर हुक्का गुड़गुड़ाते, सारे इलाके के ब्याहों का पूरा तपसरा कर देते हैं । जहाँ लड़की वाला अपने सगे सम्बन्धियों तथा यारों प्यारों को स्वागत बारात के लिये न्यौता भेजता है, वहाँ लड़के वाला दो तरह के

न्यौते दिलवाता है–जीमण का व बारात का । यह काम परिवार वाले बहुत पहले लिस्ट बना कर शुरू करते हैं । लिस्ट में कई बार काँट–छाँट होती है और फिर नाई को दे दी जाती है । वह सभी के गाँव जा कर चिट्ठियाँ दे आता है । अपने गाँव में बारात में जाने वालों को तो कई दिन पहले बताया जाता है ताकि बाराती अपने लत्ते कपड़े की तैयारी कर ले । पहले देहात में ज्यादा ही गरीबी होती थी । इसलिये हर किसी की आर्थिक हालत नए कपड़े बनवाने की नहीं होती थी । इसका एक सीधा–सा हल था–अड़ोस–पड़ोस में जिसके पास जो भी नई वस्तु होती थी, बारात का काम चलाने के लिये माँग ली जाती थी – किसी से कुर्ता, किसी से धोती, किसी से चादर और किसी से जूतियाँ । बाराती इस उधार के साजोसामान से मिठाई पाड़ आता था । अब तो समय बदला हुआ है और युवक तो हर रोज बाराती से बने फिरते हैं । पहले औरतें बारात में नहीं चढ़ती थीं, मगर शहरों नें यह प्रथा शुरू हो कर हमारे गाँव में भी आ रही है ।

हलवाई को बहुत सारा पानी चाहिये । घर की बहुएँ व बेटियाँ नए वस्त्र पहन कर और गीत गाती कुएँ से पानी लाती थीं । पूरियों के लिये गेहूँ साफ किया जाता था । भट्ठी के लिये लकड़ियाँ फाड़ी जाती थीं । अड़ोस–पड़ोस से चारपाइयाँ व बिस्तर इकट्ठे किये जाते थे । पूरे पाने से दूध इकट्ठा किया जाता था । असल काम था हलवाई का सामान खरीद कर लाना – नकद रुपये का सवाल था । थोड़े ही लोगों के पास अपना रुपया होता था । अधिकतर तो साहूकार की बही में ही अगूँठा लगाते थे । अव समय बदला हुआ है । खेतों में अच्छी उपज ने और सरकारी नौकरी वालों की ऊपर की आमदनी ने सारा तामझाम ही बदल कर रख दिया है । सामान खरीदने के लिये नजदीक के बाजार में चार भाई इकट्ठे होकर जाते हैं यदि किसी को नहीं बुलाया गया तो वह रूस जाता है । कई दूकानों पर जा कर, बानगी देख परख कर, भाव ताव ठीक करा कर ही सामान खरीदा जाता है । पहले खाँड खरीदते हुए कई बुड्ढ़े तो बांगी परखने में ही अपना पेट भर लिया करते थे । चीनी ने अब उन के लिये मुशकिल पैदा कर दी है । जेवर कपड़े भी खरीदा जाता है । बरी के सामान का तो दुकानदार को ही पता होता है, हर कोई नहीं जानता है । इसलिये उसे सबसे ज्यादा समझदार आदमी के हवाले किया जाता है ।

महँडा, मेल या भडार

बारात चढ़ने से पहले दिन लड़के के ब्याह की खुशी में दावत दी जाती है । इसमें गाँव वाले, आस–पास के गाँवों के मिलने वाले तथा सगे–सम्बंधी शामिल होते हैं । दावत को जीमणा या मेल कहा जाता है । जिस दिन यह जीमणा होता है उस दिन को महँडा, मेल या भडार कह कर पुकारा जाता है । पहले कुम्हार का चाक पूजा जाता है । अड़ोस–पड़ोस की महिलाओं को चाक पूजने का बुलावा नाईन देने जाती है । घर की जो बड़ी महिला होती है वो एक टोकरे में अनाज, कपड़े व मिठाई सिर पर रख कर चलती है । उस के आगे बाजे वाले बाजा बजाते चलते हैं और उनके पीछे बहुत सारी महिलाएँ परम्परागत गीत गाती चलती हैं । कुम्हार के घर आ कर अनाज, कपड़ा, सवा रुपया व कुछ पकवान चाक पर रख कर हल्दी का टीका लगाया जाता है । इस चाक को सृष्टि की पहली ईजाद कहा जाता है और इसके घूमने को सृष्टि का गतिमान होना समझा जाता है । इसलिये इस की पूजा की जाती है, ताकि परिवार की भी आगे बढ़ोतरी होती रहे । कुम्हार के घर से टोकरे में मटके व सुराइयाँ आती हैं जो इस अवसर के लिये खासतौर से बनाई जाती हैं । उनके बीच में छेद होता है । घर की बहू दो नए मटके पानी के भर कर लाती है और उन पर अपना हार या झालरा डाल कर गिड़गम पर रखती है । यहाँ महँडा बाँधा जाता है । वैसे किसान के घर तो हल से हलस निकाल कर उसे घर के आँगन के एक कोने में गाड़ दिया जाता है और ब्याह में बने पकवान पाँच सुराइयों में रखकर नाले से उन्हें हलस पर बाँध दिया जाता है । गैर किसानों के घर किसी भी दीवार या चौखट के ऊपर यह बाँधा जाता है । इसे बाँधने की रस्म परिवार का दामाद पूरी करता है । दामाद को कुछ रुपये भेंट स्वरूप दिये जाते हैं । दामाद द्वारा की गई इस रस्म को महँडा निवाई या महँडा झुकाई कहा जाता है । परिवार में दामाद तो कई हो सकते हैं, इसलिये यह काम सब से नया दामाद करता है और भेंट सब को मिलती है । दामाद के यार–दोस्त इस बात का जिकर कई दिनों तक करके खूब मजा लेते हैं ।

महँडा बँधने के बाद दावत का काम शुरू हो जाता है । कुछ परिवारों में पहले पाँच पंडितों को जिमाया जाता है । जीमण वाले एक पंगत में बैठते

हैं । लड़के की शादी में तो गोबर से लीपे हुये स्थान पर ही बैठ कर जीमा जाता है । अब कुछ लोग फर्श भी बिछाने लग गये हैं और कुछ शहरी नकल कर, खड़े-खड़े भी खाने लग गये हैं । जीमणे वालों के आगे पहले एक आदमी पत्तल रखता जाता है और एक पानी के लिये मिट्टी का सकोरा रखता है । दूसरा आदमी चार-चार लड्डू परोसता जाता है । उसके बाद हर जीमणे वाले से पूछ कर, लड्डू परोसे जाते हैं । जब लड्डूओं से तृप्ति हो जाती है तब चरचरा मुँह करने के लिये साग-पूरी परोसी जाती है । यदि कोई लड्डू खा रहा हो और उसकी पत्तल पर साग-पूरी परोस दी जाये तो वह बुरा मान जाता है । कई-कई बार सामने से गुजर कर और लेने को कहा जाता है । यह बात खड़े-खड़े खाने में कहाँ ? वहाँ तो जो खा गया सो खा गया और जो रह गया वो रह गया । केवल औपचारिकता और दिखावा ही होता है । पंगत में बैठे, जब तक सभी खाना पूरा नहीं कर लेते, तब तक कोई नहीं उठता है । जीमणे के बाद चार भाइयों में बैठ कर हुक्का पीया जाता है । इसी का नाम मेल दिया गया था । मगर आधुनिकता की अंधी नकल ने हमें कहीं का नहीं छोड़ा है । प्यार प्रेम लोप हो रहा है और दिखावा व छल-कपट पनप रहा है । लोभ लालच बाजी मार रहा है ।

भात

ब्याले लड़के व लड़की के मामा ब्याह के अवसर पर एक विशेष भेंट ले कर आते हैं । इस भेंट का नाम भात होता है । लड़की के ब्याह की चिट्ठी लिखवाते ही व लड़के के ब्याह की चिट्ठी आते ही, लड़की व लड़के की माँ अपने मायके (पीहर) भेली ले कर जाती है । भेली, पहले चार सेर गुड़ का डला हुआ करता था और इसे शुभ मान कर खुशी के मौके पर निमंत्रण का सूचक माना जाता है । बच्चा पैदा होने की खुशी में भी जच्चा के पीहर में भेली भेजी जाती थी । अब चार किलो गुड़ भेज दिया जाता है । पहले बारात का न्यौता देते समय भी एक सेर गुड़ दिया जाता था । गुड़ की मिठास में प्यार व लगाव था और अब इन चमकते डिब्बों में दिखावा व कड़वास भरा रहता है । पहले पूरा परिवार इकट्ठा रहता था इसलिये परिवार की बेटी के लिये पीहर में आना कोई कठिन काम नहीं होता था । वैसे ब्याह के इस

निमन्त्रण को भाइयों को देने जाने को भात न्योतना कहा जाता है । मगर जब से भाई अलग-अलग रहने लगे हैं और दूर-दूर दूसरे नगरों में जा बसे हैं, तब से यह भात न्योतना बड़ा कठिन काम हो गया है । बहन के इस तरह आने पर भाई बड़े खुश होते थे । अब इसे बोझ समझ लिया जाता है । शाम को अड़ोस-पड़ोस की महिलाओं को बुला कर गीत गुवाए जाते हैं । मिठाइयों का चलन शुरू होने से पहले दावत में चावल पका कर ही परोसा जाता था, जिसे भात कहा जाता था । क्योंकि भानजे या भानजी पर मामाओं का भी हक होता है इसलिये इस भात के तैयार करने में भी साझी बनने के निमन्त्रण का नाम ही भात पड़ गया लगता है । वैसे रस्म के अनुसार भाई इस अवसर पर चावल ले कर आते हैं । परिवार के भाई भतीजे, ब्याह वाले लड़के या लड़की के कपड़े, उन की माँ की चून्दड़ी ब्याहले का मोड़, सूखा सीधा व थोड़ा बहुत जेवर ले कर आते हैं । आते ही भाती मिगे जाते हैं । बहन द्वार पर खड़ी होकर अपने भाई-भतीजे का स्वागत करती है और पाटड़े पर खड़ा करके उन्हें टीका करके, बड़ा-सा लड्डू भेंट करती है । बड़ा भाई बहन को चून्दड़ी उढ़ाता है और साथ में खड़ी बहन की ननद के लौटे में कुछ रुपये डालता है । इस लौटे में रुपये डालते समय भी बड़ा हँसी विनोद होता है । लौटे वाली बड़ी राशि माँगती है और देने वाला कुछ कंजूसी करता है । काफी हँसी मजाक के बाद ही बात निबटती है । इस मौके के गीत जब महिलाएँ गाती हैं तो भाई-बहन का प्यार उमड़ पड़ता है । हमारे रीति-रिवाज़ तो बने ही प्यार प्रेम को पनपाने के लिये हैं । फिर भातियों को खाँड कसार परोसा जाता है । भातियों के ठहरने का ठिकाना भी अलग से बनाया जाता है । बाद दोपहर उन्हें भात देने के लिये बुलाया जाता है । ब्याह वाले परिवार के चार भाई जमीन पर बिछे दोलडे दरी पर बैठते हैं । पराँत रखी जाती है । भाती इस मौके के लिये लाई भेंट - कपड़े जेवर आदि इस पराँत में रखते हैं । कुछ नकद राशि देने का भी चलन बन गया है । कई बार इस नकद राशि को इज्जत का सवाल बनाकर बहुत बढ़ा-चढ़ा कर दी जाती है - जो प्यार को कतरती है । स्नेह व प्यार एक तरफा नहीं हुआ करता । ब्याह के बाद जब भाती विदा होते हैं, तब बहन उन्हें डाला देती है । जिसमें ब्याह में बनी मिठाई, नमकीन के अलावा भतीजों के कपड़े भी होते हैं । भात के मौके पर भाई का आना बहुत ही जरूरी समझा जाता है और जो कोई नहीं आता उसे समाज गिरा हुआ

समझता है । मगर सरकार के नये-नये कानूनों ने बहन भाई के पवित्र रिश्ते पर भी चोट कर दी है । प्यार की जगह कलेह व कलेश ले रहा और समाज बैठा तमाशा देख रहा है ।

न्योता निथार

हमारे समाज में आपसी सहयोग की भावना ही नहीं थी बल्कि यह जीवन जीने का ढंग था । जैसा पहले बताया गया है कि आमतौर पर लोगों की आर्थिक दशा बहुत अच्छी नहीं थी और ब्याह-शादी में नकद रुपये की जरूरत पड़ती थी, इसलिये सभी मिलने जुलने वाले ऐसे मौके पर कुछ नकद रुपये दे कर ब्याह वाले परिवार की मदद कर देते हैं । ये रुपये एक बही में लिखे जाते हैं और लड़के या लड़की व पिता का नाम, तिथि आदि पूरा विवरण लिख दिया जाता है । जब कभी इस प्रकार रुपये देने वाले के घर ब्याह होता है तो ये बही में लिखे रुपये दोगुने कर के लौटाए जाते हैं । ये बात भी बही में लिख ली जाती है । इस प्रकार थोड़े-थोड़े इकट्ठे हो कर अच्छी बड़ी राशि हो जाती है जो ब्याह वाले परिवार के लिये बड़ा सहारा बनती है । क्योंकि यह एक प्रथा बन गई थी इसलिये अच्छी आर्थिक हालत वाले भी इसे मानते थे । इस प्रथा का नाम न्योता निथर रखा गया था । दिये गये रुपये को हर हालत में दोगुणा करके लौटाना इज्जत-बेइज्जती का प्रश्न होता है । जब बही सिर पर रख कर दूसरे गाँव से कोई चलता है तो सभी समझ जाते हैं न्योता डालने जा रहा है और न्योता डालने से पहले जीमेगा । मगर अब लोगों को इस प्रकार के सहारे की जरुरत नहीं पड़ती है इसलिये नई पीढ़ी इसे एक फिजूल का काम समझती है और आपसी भाईचारे को ठेस पहुँचाती है ।

मोड बाँधना व सेहरा बंदी

सूर्य छिपने से पहले ब्याहले लड़के को अच्छी तरह बटणा मसल कर गीत गाती महिलाएँ नहलाती हैं । भाभी सियाई डालती है और नेग लेती है । ब्याहला मामा द्वारा भात में लाये कपड़े पहनता है और सभी प्रियजनों के बीच

में बैठ जाता है । कुल पुरोहित या मामा उसके सिर पर मोड़ बाँधता है । यह मोड़ राजा के ताज का ही प्रतीक होता है । आहिस्ता-आहिस्ता इस मोड़ का चलन भी कम हो रहा है और इस की जगह मुकट या विशेष तरह की पगड़ी ले रही है । मोड़ तो फेरे हो जाने के बाद लड़की के घर ही रह जाता था और आने आनी वाली सक्राँत पर सखी सहेलियाँ ब्याही गई लड़की के सिर पर बाँध कर गीत गाती निकट के वन में जा कर नाचती थीं और इसे तोड़ देती थीं, मगर पगड़ी आम तौर पर किराये की होती है इसलिये लड़के वाले को लौटा दी जाती है । इस प्रथा से भी खुशी को ही ठेस पहुँची है ।

दूल्हे के माथे पर सेहरा बाँधा जाता है । पहले दूल्हे का असल चेहरा जो किसी खोट वाला हो सकता है, छिपाने के लिये इस सेहरे की आड़ भी ली जाती थी । दूल्हे को एक पीला कपड़ा जिसके सिरों पर गोटा लगा होता है, दिया जाता है जो कंधों से लटका होता है । इसे पटका कहा जाता है । नगरों में इस मौके पर परिवार व रिश्तेदारी की महिलाएँ मोड़ के ऊपर से कुछ रुपये फेर कर दूल्हे को देती हैं । कुछ परिवार इसी समय न्योता डालते हैं ।

घोड़चढ़ी एवं लगाम पकड़ाई

पहले घोड़ा ही बड़े लोगों की सवारी होता था । इसलिये बारात चढ़ने से पहले दूल्हे को घोड़ी पर बैठा कर गाँव के गिर्द घुमाया जाता है । घोड़ी पर बैठकर चलने से पहले माँ चूची पिलाती है । घोड़ी की लगाम को परिवार के दामाद हाथ लगाते हैं । इस प्रथा को लगाम पकड़ाई कहा जाता है । दामादों को नकद राशि दी जाती है । नया-नया दामाद ज्यादा रुपये लेने की हठ करके लगाम को पकड़े रहता है जिससे घुड़चढ़ी में देर हो जाती है । इसलिये कुछ ज्यादा रुपये देकर दामाद को मना लिया जाता है । यह लोभ नहीं, बस हँसी मजाक व मनोरंजन ही होता है । लड़के की बहन थाली में चावल ले कर पीछे-पीछे चलती है और थोड़े-थोड़े चावल के दाने मोड़ पर फेंकती रहती है । आगे-आगे बाजे वाले धुन बजाते हैं और पीछे महिलाएँ राग अलापती हैं । बड़ी खुशी का माहौल होता है ।

घोड़चढ़ी के बाद दूल्हा अपने घर नहीं आता है । उसे पड़ोस के किसी

घर में ही बैठा दिया जाता है। घोड़ी पर बैठने के बाद यह समझ लिया जाता है कि अब तो दूल्हा दुल्हन लेकर ही घर आयेगा।

पहले देहात में शादियाँ साढ़ी की फसल उठाने के बाद ही होती थीं और बारात बैलगाड़ियों से जाया करती थी। दिन में बहुत गर्मी होती थी। इसलिये रात को ही बारात चलती थी। दूल्हा के लिये रथ, जिसे हमारे क्षेत्र में अरथ बोला जाता है, किराये पर लिया जाता था। इसमें जोड़े जाने वाले बैल भी बड़े तगड़े होते थे। रास्ते में दौड़ होती थी तो आम तौर से अरथ ही आगे निकलता था। रथ से छोटी एक और गाड़ी होती थी उसे बैहल या मझोली कहा जाता था। इसमें चार आदमी बैठते थे। ये भी किराये पर ली जाती थी। इस सब को भारकस बोला जाता था। कुछ बाराती घोड़ों पर चलते थे। बारातें ज्यादा बड़ी नहीं होती थीं। 50 आदमियों से ऊपर की बारात बड़ी समझी जाती थी। बारातियों की सेवा के इलावा भारकसों के बैलों व गडवालों की भी पूरी देखभाल करनी पड़ती थी। बैलों को देशी घी तथा चने का दाना दिया जाता था। अरथ के बैलों को सेर घी तथा बाकियों को आधा सेर घी पिलाया जाता था। बारात सूर्य उदय के समय लड़की वाले के गाँव पहुँच जाती थी। रात के समय कई बार रास्ता भूल कर किसी दूसरे गाँव भी चली जाती थी। मगर न ही तो कोई तकलीफ मानता था और न ही उलहाणेबाजी करता था। सब हँसी खुशी में होता था।

जब बारात चढ़ती थी तो महिलाएँ गाने गाती थीं। सभी बारातियों का नाम ले कर गाना गाया जाता था। यदि किसी का नाम लेने में चूक रह जाती तो दूसरे बाराती उस का मखौल उड़ाते थे। हमारे लोगों को तो हँसी मजाक का बहाना ही चाहिये था – खुश रहते थे। बारात दो तीन दिनों तक ठहती थी। महिलाएँ बारात में नहीं जाती थीं।

बारात की अगवानी एवं समधी मिलावा

दुल्हन के परिवार वाले बारात आने की तैयारी में कई दिन पहले ही लग जाते थे। भारकसों के बैलों के लिये दाना डाला जाता था। एक आदमी की ड्यूटी दाना व घी तोल कर देने की लगाई जाती थी। चौपाल की सफाई की जाती है। हर घर से एक-एक चारपाई (खाट) माँग कर चौपाल में इकट्ठी की

जाती है । नये मटके (कौरे) पानी के भरकर चौपाल में रखे जाते हैं । कई हुक्के, तम्बाकू तथा गोसे की आग का इन्तजाम किया जाता है । जब बारात गाँव के गोरे पहुँचती है तो बाजे वाले गाड़ी से नीचे उतर कर आगे-आगे बाजा बजाते, चौपाल तक आते हैं और फिर एक घंटा चौपाल पर बाजा बजा कर सारे गाँव को बारात आ जाने की पूरी सूचना दे डालते हैं । बारातियों के नहाने के लिये पानी व साबुन भी रखा जाता है ।

मगर समय बदल गया । यह पीढ़ी तो अरथ व मँझोली को जानती तक नहीं है । अब बारातें बसों, कारों व ट्रेक्टर ट्रालियों में आती हैं । रात को चलने का झन्झट ही खत्म हो गया । क्योंकि बैलों के दाने व घी पर खर्च नहीं करना पड़े इसलिये बस का आधा भाड़ा लड़की वाला देने लग गया । मगर अब तो भारकस रहे ही नहीं तब भी लड़के वाले लोभ में पड़ कर आधा भाड़ा लड़की वाले से वसूल लेते हैं जो सरासर बेईमानी है ।

बाराती चौपाल में चढ़ते ही खाट काबू करने पर लपकते हैं । थोड़ी देर में ही चाय की बाल्टियाँ व लड्डूओं और पकौड़ों के टोकरे उठा कर, लड़की वाले चौपाल में आ जाते हैं । सब से पहले समधी, समधी से मिलता है - जिसे समधी मिलावा कहा जाता है । पहले लड़की का बाप, ताऊ या दादा लड़के के बाप, ताऊ या दादा को कुछ रुपये भेंट करता था, मगर अब कम्बल दिया जाने लगा है । बाराती पकौड़ों व लड्डूओं पर टूट पड़ते हैं तथा चाय के गिलास भरवा-भरवा कर गटक जाते हैं । इस मौके पर भी खूब हँसी मखौल होते हैं । पहले चाय नहीं थी, मलाईदार दूध पिलाया जाता था ।

चाय पकौड़ों पर हाथ साफ करने के बाद बाराती अपनी-अपनी टोलियाँ बनाकर, ताश खेलने या गप्पे हाँकने में लग जाते हैं ।

बारात लेना

कोई दो घंटे बाद लड़की वालों की एक 8-10 आदमियों की टोली चौपाल में आती है । पंडित व नाई उनके साथ होते हैं । नाई के सिर पर एक पराँत होती है जिसमें एक लोटा पानी, कुछ लड्डू, चावल के दाने, नाला व हल्दी होती है । बाराती उन्हें देखकर शोर-शराबा बन्द करके, कहते हैं - बारात लेने आ गये । दरी पर दोनों पक्षों के बड़े स्याणे आमने-सामने बैठते हैं । दूल्हे

को मोड़ बाँध कर बीच में बैठा लिया जाता है । पंडित कुछ मन्त्र बोलता है और लड़की का बड़ा स्याणा-बाप, दादा, दाऊ या चाचा, लड़के को हल्दी का टीका करके थोड़े चावल के दाने लगाता है । एक लड्डू भी खिलाता है । पहले फोटो आदि नहीं होते थे । अब तो रस्म पर जोर कम होता है और फोटो खींचने के पोज बनाने पर ज्यादा । फिर हाथ जोड़ कर कहा जाता है- आप हमारे द्वार पर आओ ।

ढुका या बारोठी अथवा आरता

दूल्हे को घोड़ी पर बैठाया जाता है । बाजे वाले बाजा बजाते आगे चलते हैं और सारे बाराती घोड़ी के पीछे चलते-चलते लड़की वाले के द्वार पर आते हैं । दूल्हे को पाटड़े पर खड़ा किया जाता है । लड़की की माँ, ताई या चाची उसकी आरती उतारती है । दुल्हन को औरतों के पीछे खड़ा कर दिया जाता है और वो वहीं से दूल्हे के मोड़ पर चावल फेंकती है । इस प्रकार दूल्हे का स्वागत परिवार की बड़ी व दुल्हन दोनों करती हैं । इस रिवाज़ का नाम ढुका होता है । कई जगह इसे बारोठी व आरता कहा जाता है ।

नीम झरा

साली नीम की टहनी से पानी के छींटे मारती है जिसे नीम झरा कहा जाता है । पहले तो रिवाज़ नहीं था अब लड़की से माला भी डलवाई जाने लगी है । नगरों में तो, वरमाला की रस्म बड़ी देर तक चलती है । पहले लड़की, लड़के को माला डालती है और फिर लड़का लड़की को माला डालता है । खूब हँसी मजाक भी होता है ।

बारात को खाने के लिये खद्दर के नए कपड़े पर बैठाया जाता है जिसे ताणी कहा जाता है । मगर अब ताणी कहाँ ? अब तो देहात में भी खड़े-खड़े खाने का ही चलन होता जा रहा है । पहले बारात की असल सेवा सलीखे से खाना परोसना तथा बार-बार घूम-फिर कर बाराती से थोड़ा और, थोड़ा और लेने की प्रार्थना की जाना ही समझी जाती थी

सीठणे

जब बाराती मिठाइयों का आनन्द उठा रहे होते हैं तब दुल्हन परिवार की महिलाएँ हँसी-मजाक के गीत गाती हैं । इन गीतों को सीठणे कहा जाता है । इन गीतों में बारातियों का खूब मखौल उड़ाया जाता है और समधी पर तो तेज से तेज गीत बाण फेंके जाते हैं ।

1. पँसेहरे डाँट आए री पँसेहरे
   अपनी बाहण ने छोड़कर म्हारे ब्याण आए
   पँसेहरे डाँट आए री पँसेहरे
   हमने बुलाए भूरे-भूरे ये काले-काले आए री
   पँसेहरे डाँट आए री पँसेहरे
   हमने बुलाए आँखे वाले
   ये काणे काणे आए री, पँसेहरे डाटे आए री

2. चकले में राछ घलादे री चकले में
   रणसिंह (समधी) नै पीसण ला दे री, चकले में...
   यूह पीसेगा मोटा, मारूँगी सोटा, भागते का पाडूँ लँगोटा री,
   चकले में....

परिवार के नौजवान बारात को खाना परोस कर फूले नहीं समाते हैं तब बड़े बूड्ढ़े साथ ही में चारपाईयों पर बैठे हुक्के गुड़गुड़ाते इस सारे वातावरण का भरपूर आनन्द लेते हैं और अपने-अपने संस्मरण सुनाते हैं । मगर समय की मार ने सब हँसी ठट्ठे दिखावे के रख छोड़े हैं । बड़े बूड्ढ़े को तो पता भी नहीं होता की बारात कब हड़बड़ी सी में खाना खाने की औपचारिकता निभा गई है ।

फेरे

हमारे देहात में फेरे दिन के समय बाद दोपहर हुआ करते थे । वैसे तो लग्न का मुहूर्त निकलवाया होता है मगर सुविधा ही मुहूर्त होता है । गाँव का पंडित घर के आँगन में थोड़ी जगह पर पानी छिड़क कर पवित्र करता है । कोई एक वर्ग मीटर पर आटे से बेदी बनाता है । उसके बीच में आम, बड़ या पीपल

की, छोटी–छोटी सूखी हुई लकड़ियाँ, जिन्हें समीध कहा जाता है, रख कर हवन करने की व्यवस्था करता है। वहाँ दो पाटड़े बिछा दिये जाते हैं। दुल्हन का मामा लड़की को मँडप में लाता है। दूल्हा व दुल्हन को उनपर बैठाया जाता है। दोनों पक्षों के लोग भी वहाँ बैठते हैं। विशेषकर दुल्हन का कन्यादान करने वाला बाप या परिवार का बड़ा व भाई होते हैं। पंडित कुछ मन्त्र बोलता है और अग्नि जला कर उस पर घी व सामग्री डलवाता है। फिर दूल्हे को आगे व दुल्हन को पीछे करके चार बार इस अग्नि के गिर्द चलाता है और फिर तीन बार दुल्हन आगे और दूल्हा पीछे चलता है। इस प्रकार दूल्हा–दुल्हन सात बार अग्नि के गिर्द घूमते हैं। इसी प्रक्रिया का नाम फेरे होता है तथा यही ब्याह हो जाने का प्रमाण भी होता है। वहाँ बैठी महिलाएँ इस मौके के मंगल गीत गाती हैं और बड़े बुजुर्ग दूल्हा–दुल्हन को आशीर्वाद देते हैं।

जुहारी

फेरे हो जाने के बाद दूल्हे व दुल्हन को घर के भीतर ले जाया जाता है और चारपाई पर बैठाकर दूल्हे पर परिवार की औरतें रुपये वार–वार कर उसकी झोली में डालती हैं। इसका सीधा मतलब होता है कि दूल्हा सबका लाडला है और इसका जीवन सुखी हो।

कँवर कलेवा

आमतौर पर गाँव में ब्याह गर्मी के मौसम में होते हैं और दोपहर का खाना बनते देर हो जाती है इसलिये बारात में गये छोटे बालकों तथा दूल्हे को नाश्ते के लिये बुला लिया जाता है। इस प्रथा का नाम कँवर कलेवा रखा गया है। मगर आजकल तो लोट पोट शादियाँ होने लगी हैं – सुबह जाओ और देर शाम को आ जाओ, इसलिये कँवर कलेवा तो यह पीढ़ी भूल ही गई है।

कन्यादान

जब फेरे होते हैं तब सगे प्यारे व अड़ोसी-पड़ोसी कुछ रुपये कन्या के निमित्त लड़की वाले को देते हैं । इसे कन्यादान कहा जाता है । एक आदमी इसे लिखता रहता है । वैसे चलन के अनुसार कन्यादान देकर ही लोग जीमते हैं । परिवार की बड़ी स्याणी महिलाएँ कन्यादान में लड़की को जेवर भी देती हैं । पहले यह सारी राशि लड़की को दे दी जाती थी मगर कुछ लोग इसे ब्याह खर्च में ही लगा लेते हैं । नगरों में तथा बड़े लोगों के लिये तो यह कमाई का साधन बन गया है ।

छन्द कहलवाना

दूल्हे की बुद्धि की भी परीक्षा लेने का एक अनोखा ढंग होता है । लड़की की सखियाँ इकट्ठी हो जाती हैं । दूल्हा और उस के दो चार साथी उनके बीच में बैठ जाते हैं । वहाँ नए से नए दोहे बना कर कहने का एक मुकाबला चलता है जिसे छंद कहना कहा जाता है । छंद, ब्याह शादी के सम्बंध में ही होते हैं । ज्यादातर छंद हँसी मखौल के लिये ही घड़े जाते हैं ताकि सुनने में ज्यादा से ज्यादा आनन्द आये । उत्तर में फौरन छंद न सुना पाने पर हार का मुँह देखना पड़ जाता है । कुछ भोले भाले दूल्हे भी होते हैं । उनके लिये यह छंद कहना बहुत मुशकिल काम होता है । ऐसों को उनकी भाभियाँ या यार दोस्त कुछ छंद रटा देती हैं और वे तोते की भाँति उन्हें बोल देते हैं । ऐसे बोलने पर भी दुल्हन की सहेलियाँ खूब ठहाके लगाती हैं । कोई एक घंटा यह मनोरंजन चलता है और दोनों पक्षों की सारी भड़ास निकल जाती है ।

मगर जब से लोट-पोट की शादियाँ होने लगी हैं तब से ऐसे कामों के लिये समय ही कहाँ है ? बस गलियों में ढूंगे मटका कर और अलूलजलूलबक कर ही आनन्द लिया जाने लगा है । शराब पीकर टूलना रही सही कसरनिकाल देता है । ऐसा करने में कई बार झगड़ा भी हो जाता है जो ब्याह जैसे पवित्र अवसर को खट्टा बना देता है । गाँव में टेलीविजन आ जाने से तो इसकेआगे से उठने की ही फुर्सत नहीं होती है । इसलिये फेरे जैसी महत्त्वपूर्ण रस्म कोभी थोड़े से थोड़े समय में समाप्त करने के लिये पंडित को घूँस दी जाती है ।

पहले बारात बैल-गाड़ियों से आती थी । इसलिये थकावट हो जाना स्वाभाविक था । तभी तो बारात दो तीन दिनों तक रुकती थी । मगर अब तो बारात बस ट्रैक्टर या दूसरे वाहनों से आती है इसलिये ब्याह की सारी प्रथायें एक ही दिन में निबटा ली जाती हैं । हमारे समाज में सबसे महत्त्वपूर्ण प्रथा विदा को ही माना जाता था । लड़की वाला लड़के वाले को जो भी दानदहेज देता है वो दोनों पक्षों के बीच बैठकर बताया जाता है । दोनों पक्षों की इस बैठक का नाम ही विदा होता है । लड़के वाला एक संदूक (अब ट्रँक) लेकर आता था जिसे पंचायत में ही रखा जाता था । उसको ताला लगा होता था । लड़की पक्ष का पंचायती हाथ जोड़कर लड़के वाले धर्म के नाम पर कुछ राशि बताने की जिद करते थे । कई बार इस राशि पर ही इज्जत बेइज्जती का सवाल पैदा हो जाता था । दोनों तरफ से इस प्रकार निकाली गई राशि उसी गाँव की चौपाल, धर्मशाल, गौशाला, मंदिर, स्कूल आदि में दे दी जाती है । इस बात पर कई बार तकरार भी हो जाती थी । अगर विदा राजीखुशी से हो गई तो समझा जाता था - ब्याह राजीखुशी से हो गया । पहले तो भाई बिरादरी की पंचायत लड़की वाले की आर्थिक हालत देखकर ही दान दिलवाया करती थी । इस मौके पर दहेज में कपड़े, जेवर व नकद राशि दी जाती है । कई जगह हर बाराती को भी एक-एक रुपया मान स्वरूप दिया जाता है । विदा के समय दिये गये सामान व नकद राशि की चर्चा बहुत दिनों तक चलती है । हर कोई पूछता था - क्या दान दिया । नकद रुपये का बहुत महत्त्व समझा जाता है ।

खेद की बात तो यह है कि पहले जो दान चार भाई आर्थिक स्थिति के अनुसार तय करते थे वो अब सौदेबाजी में बदल गया है । हमारे लाड़लों के सौदे भेड़-बकरियों की तरह तय होते हैं । अब हमारे देहात के लोग सरकारी नौकरियों में आ गये हैं । ऊपर की आमदनी हो गई है । व्यापार में भी दो नम्बर का अनैतिक ढंग से बटौरा धन जमा कर लिया जाता है । जिसे देते हुये उतनी कठिनाई नहीं होती, जितनी पहले अपने नाखूनों से कमाये गये पैसे से होती थी । असल में तो अब विदा तो केवल औपचारिकता रह गई है । सारा सामान पहले ही टीके पर ले लिया जाता है । भ्रष्ट लोग बढ़-चढ़

कर देते हैं और साधन हीनों के राहों में काँटे बोते हैं । ईमानदारी की दो रोटी कमाने वाला अपनी लाड़ली के लिये दहेज कैसे जुटाए ? इसी लोभ लालच के चलन ने लड़की का पैदा होना ही अभिशाप बना दिया है । इस चलन को समाप्त करने के लिये बड़ी-बड़ी पंचायत होती रहती हैं । बिरादरी के सम्मेलनों में प्रस्ताव पास होते हैं । सर्वखाप सर्वजाति पंचायतें होती हैं । मगर मर्ज बढ़ता गया ज्यों-ज्यों दवा की, वाली बात हमारे साथ हो रही है । सब ड्रामेबाजी होती है, वे पंचायती ही पहले डूबते हैं । फिर आम आदमी कैसे ठहरे ? इसीलिये अब अल्ट्रासाऊंड वालों की चाँदी हो रही है । भ्रूण हत्या घर-घर हो रही है - कानून तो किताबों की शोभा बढ़ाता है और बटवा अपनी मर्जी चलाता है । शर्म लिहाज नाम की चीज ही समाप्त हो रही है । तीन हजार रुपये से अधिक का दहेज लेने व देने पर 5000/- जुर्माना व छः महीने की कैद की सजा है । मगर आज के दिन शायद ही कोई ऐसी शादी होती हो जिसमें तीन हजार से कम का दहेज होता हो । हम पढ़े-लिखे भी हो गये - मगर समाज को हड़प गये - सामाजिक अनुशासन हीनता ने हमें लालची बना दिया है । वैसे दुखी सभी हैं । शादियाँ कड़वास में बदलती हैं । थाने वालों की पाँचों अंगुली घी में हैं और लोग कचहरियों में धक्के खा रहे हैं । ब्याह का तो पवित्र बंधन होता है । मगर लालच ने इसे डराने वाला नाटक बना दिया है । काश हम जल्दी सम्भल जायें ।

ध्याणी मान या चाब

जिस गाँव में बारात आती है उस गाँव में बारात लाने वाले के गाँव की कोई लड़की ब्याही हो या उनके गोत्र की हो तो उसे ध्याणी कहा जाता है । विदा हो जाने के बाद ऐसी लड़की के घर दो-चार आदमी जाते हैं और मान का रुपया देते हैं । वो लड़की रुपया लेने से पहले सब को दूध पिलाती है । बड़े स्याणे तो लड़की को पुचकार कर रुपया दे देते हैं और लड़की के घर का कुछ भी खाते पीते नहीं हैं । हाँ भाई भतीजे लगने वाले बड़े खुशी से दूध पीते हैं । यही शिष्टाचार ही हमारे समाज का आधार था गाँव की बेटी सबकी बेटी ।

थापा

जब लड़की को विदा किया जाता है तब लड़की का दूल्हे के साथ पटके से गठजोड़ किया जाता है और वह अपने सगे सम्बंधियों से गले लगकर रोती है । दुल्हन का मामा ही लड़की को अरथ में बैठाता है । सारा का सारा वातावरण गमगीन हो जाता है । इस मौके पर कट्टर दिल भी पिंघल जाते हैं । हाँ उस समय एक ऐसी रस्म होती है जो हँसी मखौल को दोबारा वापिस ले आती है । इस रस्म का नाम है – थापा । लड़की की माँ, दादी या ताई चाची, लड़के के बाप, दादा, ताऊ या चाचा की छाती व पीठ पर, अपने महेंदी लगे हाथ का पक्का निशान लगाती है । यह कमीज पर लगा निशान बहुत दिनों तक ब्याह की याद दिलाता है और रास्ते में भी ब्याह कर के आने का प्रमाण पत्र होता है । इस थापे पर भी पूरा हँसी मजाक होता है । कई बार थापा लगाने वाली महिला इतने जोरे से हाथ मारती है कि थापा लगवाने वाला पुरुष लड़खड़ा जाता है । कन्या पक्ष जोर से हाथ मारने की आवाजें करता है और वर पक्ष थापा लगवाने वाले को पूरी मजबूती से खड़ा रहने की सलाह देता है । थापा लगाने के बाद, थापा लगाने वाली, थापा लगवाने वाले को, कुछ नकद राशि भेंट करती है ।

हाँ, चलते समय अरथ के पहियों पर एक लोटा पानी डालने का भी चलन होता था । वैसे भी जब भी बहू-बेटी घर से विदा होती थी तो गाड़ी के पहियों पर पानी डालने का चलन रहा था । क्योंकि पहिये लकड़ी के होते थे और गर्मी के कारण लकड़ी सिकुड़ कर चूलें हिलने की सम्भावना रहती थी इसलिये पानी डालकर लकड़ी फुलाई जाती थी ।

डाला

जैसे बहन भात में आये भाइयों को डाला देती है, वैसे ही लड़की की विदाई पर भी डाला दिया जाता है । उसमें मिठाइयाँ, नमकीन व मीठी सुहालियाँ होती हैं । बच्चों के कुछ कपड़े भी होते हैं । इस डाले को लड़के के घर की बड़ी बूढ़ी महिला खोलती है और थोड़ा-थोड़ा अड़ोस-पड़ोस में बाँट दिया जाता है । इस डाले के साथ ही दो छोटी कुल्हड़ियाँ भी दी जाती हैं जो ऊपर से

कपड़े से सिली होती हैं । ये कुल्हड़ियाँ दुल्हन की गोद में रखी समझी जाती हैं वैसे उसके पास रखी होती है । इन कुल्हड़ियाँ में भी मिठाई ही होती है । जब लड़की वाले गाँव की सीमा (हद) समाप्त हो जाती है तब एक को खोल कर उसमें की मिठाई खा ली जाती है और इसे रथ के पहिये को मार कर फोड़ दिया जाता था । अब शायद जमीन पर पटक कर फोड़ने की कोशिश होती है । दूसरी को लड़के के गाँव की हद में खोल कर उसकी मिठाई खाकर तोड़ दिया जाता है ।

पहले क्योंकि बारात भारकसों में जाती थी और आने जाने में देर लगती थी, भारकसों में बैठने वाली सवारियाँ तथा उनके बैल थक जाते थे इस लिये बारात कई दिनों तक ठहरती थी । सारे पुरुष बारात में चढ़ जाते थे । औरतें ही अकेली घर पर रहती थीं । इसलिये दोनों तरफ से फिक्र सी लगी रहती थी कि कोई अनहोनी न घट गई हो । पहले टेलीफोन की भी सुविधा न थी । इसलिये बारात की वापसी का इन्तजार बेसबरी से होता था, ताकि राजीखुशी का पता चल सके । जो बाराती बारात वापिस आने की सूचना लड़के के घर देता था उसे चार लड्डू मिलते थे । इसलिये इन लड्डूओं को लेने के लिये भी कई नौजवानों की पूरी दौड़ लगती थी । क्योंकि गाँव में गलियाँ तंग होने की वजह से बैलगाड़ी घर के द्वार तक नहीं पहुँचती है और थोड़ी दूर ठहरानी पड़ती है इसलिये कई जवान भारकस से कूद कर घर की तरफ सरपट भाग कर यह सूचना देने की दौड़ में लगते थे ।

बारात वापिस आने की सूचना मिलने पर अड़ोस-पड़ोस की महिलाओं को बहू को डोले से उतार कर लाने का न्योता दिया जाता है । बाराती तो उतर उतर चले जाते हैं और रथ में ब्याहला लड़का व बहू ही बैठे रह कर इन्तजार करते हैं । गीत गाती महिलाएँ आती हैं और बहू को उतार कर ले जाती हैं । इस मौके के भी खास गीत होते हैं । इस वक्त सास की खुशी देखने वाली ही होती है । मगर आधुनिकता की अंधी नकल ने हमारे रिवाज़ों व खुशियों को हड़प करना शुरू कर रखा है ।

द्वार रुकाई

घर के द्वार पर सास दूध बिलौने वाली रई का नेता (मीटर भर लम्बी रस्सी)

लेकर बहू को नापने की रस्म अदा करती है । इस मौके पर भी विशेष गीत गाया जाता है । अब तो लोग रिश्ता पक्का करने से पहले लड़की को देख लेते हैं मगर पहले ऐसा नहीं था । इसलिये घर में प्रवेश करने से पहले सास अपनी बहू के बारे पूरी तसल्ली कर लेती है । बात यहीं नहीं निबटती है । परिवार की लड़कियाँ रास्ता रोक कर खड़ी हो जाती हैं । परिवार का मुखिया लड़कियों को कुछ रुपये देता है । तभी लड़कियाँ रास्ते से हटती हैं और बहू घर में प्रवेश करती है ।

पैर पड़ाई एवं मुँह दिखाई

बहू बारी-बारी से परिवार की बड़ी महिलाओं के चरण छूती है । वे आशीर्वाद देती हैं—बूढ़ सुहागण हो, भाई भतीजे जीयें, गोद बेटा आये आदि आदि । बहू सभी को कुछ रुपये भी भेंट करती है । अर्थात् अपनी सास, दादस, तास, पीतस, मौलस, जेठाणी आदि के आशीर्वाद से ही घर में घुसती है । अब बहू को दरी बिछा कर जमीन पर बैठा दिया जाता है । परिवार की कुछ बड़ी महिलाएँ साथ बैठ जाती हैं । पहले हर ब्याही महिला अपनी सुसराल में घूँघट करती थी । फिर भला नई बहू का मुँह किसे दिखाई दे ? हर महिला नई बहू का मुँह देखने को उत्सुक रहती है - कैसी बहू आई है - नैन नक्स कैसे हैं- रंग कैसा है, जानने के लिये उतावली होती हैं । वे एक-एक करके बहू का घूँघट ऊपर उठा कर उसका मुँह देखती हैं और कुछ रुपये भेंट स्वरूप बहू को देती जाती हैं । बस यहाँ से शुरु हो जाती है बहू की चर्चा - रंग रूप, कद काठी, बोलचाल सारा मोहल्ला जान जाता है । वैसे पुरुष मुँह तो नहीं देखते मगर बहू को भेंट जरूर देते हैं ।

काँगना खुलाई तथा देवीधाम पूजना

जैसा पहले बताया गया है कि जब ब्याहला लड़का लड़की बान बैठाये जाते हैं तब उनके हाथ पर एक नाला बाँधा जाता है जिसे काँगना कहा जाता है । यह शब्द कंगन से लिया गया है । बारात लौटने के अगले दिन परिवार की महिलाएँ इकट्ठी होती हैं और बहू व लड़के को बीच में बैठा लिया जाता

है । उनके पास पानी भरी पराँत रखी जाती है । काँगने में एक लोहे की अंगूठी बंधी रहती है उसे खोल कर पराँत में डाल दिया जाता है और उसे पानी में तलाशने का बहू और लड़के में मुकाबला होता है । यहाँ भी खूब हँसी मखौल होता है और दोनों के काँगने खोल दिये जाते हैं । कई परिवारों में बनडे, बनडी को गाँव के दवीधाम को पूजने भी ले जाया जाता है ।

दात, अगली पिछली

ब्याहली लड़की ग्यारह तील ऐसी लाती थी जिन्हें किसी को भी दिया जा सकता है – नाण, ब्राह्मणी, कुम्हारी, मनयारी आदि को । इन्हें दात की तील कहा जाता है । इसके अलावा सासरे की सभी महिलाओं की तील भी आती हैं । इन्हें अगली पिछलियों की कहा जाता है । एक तील (पहले घाघरी व औढ़णे का चलन था और इस जोड़े को तील कहा जाता है) संदूक खोलने वाली की अलग से आती है । संदूक ननद खोलती है । इसके अलावा ननद को हक है कि बहू के कपड़ों में से अपनी मनचाही तील ले ले ।

खिचड़ी खाना

नई बहू आने के बाद परिवार की महिलाएँ विशेषकर जेठानियाँ व देवरानियाँ इकट्ठी बैठकर एक ही बड़े थाल में डाली खिचड़ी को खाती हैं । इस रस्म का अर्थ है कि नई बहू को सबने स्वीकार कर लिया है और बहू भी घर की इज्जत आबरू की साझीदार बन गई है । इकट्ठी खाने का सीधा अर्थ है कि जैसे खिचड़ी में दाल व चावल अपनी पहचान खोकर खिचड़ी बन जाते हैं, इसलिए दुल्हन के लिए भी अब परिवार ही उसकी पहचान है – आपा नहीं।

पाटड़ा फेर

पहले छोटी उम्र में ब्याह कर दिया जाता था मगर अब तो 16–17 साल की लड़की का ही ब्याह किया जाता है । वैसे कानून में 18 वर्ष की लड़की व 21 वर्ष के लड़के का ही ब्याह किया जा सकता है । छोटी उम्र की लड़की

के साथ एक नाई और एक भाई साथ आता था ताकि वह बेचारी नये वातावरण में परेशान न हो । वैसे ब्याह के दूसरे दिन दूसरा भाई आ कर लड़की को ले जाता है और कई सालों तक माँ के पास रहती है । मगर 15 साल व उससे ऊपर की लड़की के विदा के समय एक रस्म ऐसी होती है जिसे कर देने से लड़की कभी भी सुसराल जा सकती है । इस रस्म का नाम पाटड़ा फेर होता है । लड़का व लड़की को साथ-साथ बिछे पाटड़ों पर बैठा दिया जाता है और पंडित कुछ मंत्र बोलता है दोनों के स्थान बदल दिये जाते हैं । पंडित फिर मंत्र बोलता है । इसके बाद लड़की को डोले में बैठा दिया जाता है । ऐसा करने के बाद लड़का लड़की को कभी भी अपने साथ ले जा सकता है ।

खोडिया

जब घर के मर्द बारात में चले जाते हैं तब परिवार की औरतें रात को विशेष मनोरंजन करती हैं । एक लड़की दूल्हा बन जाती है और वो अपनी माँ से अपनी शादी करने के लिये बार-बार कहता है । माँ टालमटोल करती है तो वो अपनी किसी भाभी को भगा ले जाने की कहता है । फिर सारी औरतें उस भाभी की कमजोरी बताकर गाना गाती हैं – 'वो तो मोटी ज्यादा रे मेरे लाल तेरी उसकी नाह बननी' । फिर दूल्हा दूसरी भाभी को भगा ले जाने की बात करता है । महिलाएँ गाती हैं – 'वो तो चटोरी घणी रे मेरे लाल, तेरी उसकी नाह बननी' । इसी तरह कोई आधा दर्जन की कमजोरियों को गा-गा कर लोट-पोट हो जाती हैं । नया से नया स्वाँग रचा जाता है और खूब मौज-मस्ती की जाती है । इन दो रातों के आनन्द का नाम ही खोडिया रखा गया है । जो मनोरंजन घर की चारदीवारी में बड़े सलीखे से होता था अब आधुनिकता का शिकार हुई नवयुवतियाँ मर्दों के साथ सड़कों पर मटक कर फूहड़पन का प्रदर्शन करती हैं ।

●

मुकलावा, चाला या गौणा

जैसा पहले लिखा गया है बहुत छोटी उम्र में ब्याह कर देने से लड़की एक तो रजसवला नहीं होती है और दूसरे उसे दुनियादारी की इतनी समझ नहीं होती है । बुरे लोगों की नजरों से बचाने के लिये लड़की की शादी तो कर दी जाती थी मगर वो जब तक सिवासण न हो जाये तब तक ससुराल में नहीं रहती थी । कई-कई सालों तक माँ बाप के घर ही रहना होता था । जब लड़की सिवासण हो जाती थी तब लड़की वाले, लड़के वाले को लड़की को ले जाने के लिये निमन्त्रण भेजते थे । दी गई तिथि पर लड़के वाला फिर से छोटी-सी बारात (10-15 आदमी) ले कर लड़की वाले के घर जाता था । दो दिन ठहरने के बाद लड़की को विदा कर दिया जाता था । इस रस्म को मुकलावा, चाला या गौणा कहा जाता है ।

वैसे खाते-पीते परिवार इस मौके पर भी बारात की तरह ही सेवा करते हैं – मिठाई भी बनवाई जाती है और अरथ के बैलों को देशी घी दिया जाता था । लड़की को चरखा पीठा देकर विदा किया जाता था । पहले वस्त्र घर पर कते सूत से ही बनते थे इसलिये चरखा जीवन का अंग माना जाता था ।

●

ठीक करना

जैसा पहले बताया गया है कि पहले लोगों की आर्थिक हालत अच्छी नहीं होती थी। जब भी शादी व गौणे के बाद लड़की पीहर में आती थी तो कई-कई महीने ठहरती थी। उसे वापिस सासरे ले जाने के लिये भी तारीख तय करनी पड़ती थी। इस काम के लिये लड़का अपनी ससुराल आता था और कई दिनों तक ठहर कर खूब घी-बूरा उड़ाता था। कहा जाता था ठीक करने आ रहा है - अर्थात लड़की को किस दिन उसके साथ भेजा जायेगा की तिथि बताई जायेगी। क्योंकि जब भी लड़की पीहर आती है तभी उसे कपड़े देने होते हैं। इसलिये लड़की वाला इन कपड़ों का इन्तजाम करने की स्थिति में कब होगा, को ध्यान में रख कर तारीख तय की जाती थी। वैसे हमारे क्षेत्र में दो महीने कार्तिक व फागुण ऐसे होते हैं जिनमें न तो गर्मी अधिक होती है और न ही सर्दी। बारिश भी इन दिनों नहीं होती है। इसलिये पहली व दूसरी बार का ठीक जिसे दूसर व तीसर कहा जाता है इन्हीं महीनों का तय होता था। तारीख बता देने के बाद लड़का आ कर लड़की को ले जाता था। वैसे इस ठीक करने के लिये पहली बार तो लड़का अकेला नहीं आता था उसके साथ नाई आता था। फिर भाई या कोई दूसरा रिश्तेदार आने लग गये थे। कई घरों में दामाद के लिये घी-बूरा का खाना होता था और नाई को शक्कर दे दी जाती थी। इस पर नाई ससुराल वालों का खूब मखौल उड़ाता था। जब दामाद की थाली में बूरा और नाई की थाली में शक्कर डालकर सास घी डालती तो नाई कहता 'शक्कर में तो पाणी डालना चाहिये, घी नहीं।'

लोभ व लालच ने सारा गुड़ गोबर कर दिया

पहले रिश्तेनाते ब्राह्मण या नाई तय किया करते थे — अच्छा हो जाये तो मेरी के भाग, वरना मरयो ब्राह्मण नाई — की कहावत इसलिये बनी है । ये लोग दोनों पक्षों को अच्छी तरह जाँच परखकर ही रिश्ता करवाते थे । रिश्ते बराबर की हैसियत वालों में होते थे । रिश्ता हो जाने का मतलब होता था कि दोनों परिवारों की इज्जत व बेइज्जती एक हो गई है । अगर एक समधी को काँटा चुभा है तो दूसरे समधी को सी निकलती थी । दान दहेज देने व लेने का चलन रहा था । विदा के वक्त चार भाई बैठकर लड़की वाले की आर्थिक हालत देखकर ही यह तय करते थे कि दान कितना दिया जाये । लड़की वाले की हैसियत से ज्यादा आर्थिक बोझ नहीं डाला जाता था । कहावत थी 'सगे का धन तो साझे का होता है' अर्थात कभी जरूरत पड़ने पर लिया व दिया जा सकता है । रिश्ते का आधार प्यार प्रेम व दुख सुख का साझा होता था । इसी ठोस आधार के सहारे रिश्ते कई पीढ़ियों तक मीठे बने रहते थे । रिश्तेदार से मिलने की ललक रहती थी । समाज में अच्छे लोगों की इज्जत होती थी और बुरों को दण्ड दे कर नकेल डालने की प्रथा थी । सामाजिक नियमों का पालन करना धर्म था और असामाजिक काम करना पाप समझा जाता था । समाज ही सब से बड़ी अदालत थी। सरकार का दखल सामाजिक रीति-रिवाज़ों में न था । यदि किसी से कोई भूल चूक हो भी जाती थी तो चार भाई इकट्ठे बैठकर भूल-चूक करने वाले को उसका असल रूप दिखाकर उसे शर्म दिला दिया करते और सामाजिक नियमों के पालन के लिये मजबूर कर दिया करते थे ।

समाज को ठीक ढंग से चलाने का दायित्व गाँव के पुरोहित, पंडित व साधु सन्तों पर होता था। ये लोग त्याग व तप के बल पर अपने ऊपर संयम रखते थे और उच्च कोटि के चरित्र के स्वामी होते थे। ब्राह्मण, पुरोहित या पंडित, यजमान से सवा रुपया दक्षिणा का प्राप्त करके फूला नहीं समाता था जबकि कारोबारी व्यक्ति को लाख रुपये कमाने का गुर बता देता था। साधु-सन्त पैदल चलकर एक गाँव से दूसरे गाँव जाते थे। गाँव से बाहर डेरा लगाते थे। जो रूखासूखा मिल गया उसे खा कर प्रभु गुण गाते थे। गाँव वालों को लोभ लालच से परे रहने की सलाह देते थे। उनका अपना आचरण लोगों पर गहरी छाप छोड़ता था। यही छाप ही समाज को सुदृढ़ बनाये रखती थी।

राजा को गद्दी विरासत में मिलती थी। भले आदमी को चौहदर उसके भलेपन के कारण मिल जाया करती। कोई चुनाव नहीं होता था। हमारे देश में चुनाव पद्धति आ गई। जिधर ज्यादा लोग होंगे जीत उसी की होगी। पंडित का गाँव पर असर था। साधु-सन्तों का पूरे क्षेत्र पर प्रभाव था। चुनाव ने इन्हें त्याग व संयम से भटकाया। फिर साधारण जनता को सुमार्ग कौन बताये ? ब्राह्मण, पुरोहित, व्यापारी बनने लगे और साधुसन्तों के महलनुमा आश्रम बनने लगे—वे हवाई जहाजों में चलने लगे और आशीर्वाद देने व धन के लिये सेठों, साहूकारों, बड़े अधिकारियों तथा मन्त्रियों के कोठी बंगलों पर आने लगे। भूल गये साधारण जन को जिन को उन की जरूरत थी। जिन लोगों को चापलूसी, धोखाधड़ी, तिगड़मबाजी अधिक आती थी, ये ज्ञान के भंडारी, सुमार्गदर्शी भी उन्हीं के हो गये। कौन रोके भटकाव को ? रोकने वाला ही भटक गया।

जो लोग हुक्के पर बैठ कर यह कहा करते—'धन का क्या है वो तो वैश्या के पास भी हो सकता है असल धन तो इन्सान का बेदाग चरित्र होता है'— वही लोग चरित्र को धन से ढक कर जल्दी से जल्दी सेठ बनने की दौड़ में लग गये। धन कहीं से भी और कैसे भी आ जाये। बस फिर तो लड़कों के सौदे भी होने लगे। चौपालों में बैठे लोग इन सौदों का गुणगान करने लगे। प्यार-प्रेम, मान-सम्मान बिकाऊ हो गया। पैसे वाला स्वामी बनता है।

●

पंचायती रोटी

जैसा कई बार बताया जा चुका है कि हमारी जीवन पद्धति में सहकारिता का बड़ा महत्त्व रहा था । भाईबंधी व भाईचारा हमारे जीने का आधार रहा था । इसी आधार के कारण ही अमीर व गरीब सामाजिक बराबरी का जीवन जीते रहे थे । जब इकट्ठे बैठते तब आपस में कोई भी ऊँचा व नीचा नहीं समझा जाता था । पग-पग पर एक-दूसरे का सहयोग तथा सामाजिक नियन्त्रण था ।

अपना सामान्य जीवन तो हर कोई अपनी कमाई में ही जीता था । मगर जब भी कोई खास मौका, खुशी या गमी का पड़ता था तो चार भाई आगे आ कर जिम्मेदारी सम्भाल लेते थे । सारे मिल कर बोझ उठा लिया करते थे । यह काम आर्थिक सहयोग से हो जाता था । जब भी किसी की लड़की की शादी होती थी तो बारात कई दिनों तक रुकने का चलन था । यह सारा बोझ अकेले लड़की के बाप पर न पड़े इसलिये एक वक्त का खाना भाईचारा मिलकर खिला दिया करता था । इसी रिवाज़ को पंचायती रोटी कहा जाता है ।

आमतोर पर लड़की वाले के सारे भाईबंध इकट्ठे होकर यह तय करते थे कि बारात को कैसे खाना खिलाना है । पहले-पहले तो हर घर पाँच-सात बारातियों का खाना, अपने घर में ही बनवा कर उन्हें वहीं बुला कर खिला देने का चलन था । इस प्रकार घर पर आये बारातियों को घी बूरा की रोटी खिलाई जाती थी । घर की औरतें बड़े चाव से खाना बनाती थीं । उड़द की दाल को एक रात भिगो कर सुबह उसका छिलका हाथों से मल-मल कर

उतारती थीं । फिर गाँव के उस कुएँ का पानी लाया जाता था जिसमें दाल जल्दी गल जाती । एक तरफ तो चूल्हे पर दाल पकनी रख दी जाती थी और दूसरे चूल्हे पर माँडे (बहुत ही पतली व छोटी रोटियाँ) बनते थे । घर की बहुएँ सज-धज कर माँडे बनाने का अपना हुनर दिखाती थीं तो घर की बड़ी साथ बैठ कर उन ताजे-ताजे माँडों को घी लगा-लगा कर चोपड़ती जाती और बोहिये में उनकी ऊँची तह लगा लेती थी । घर में अगर इतनी थालियाँ न होतीं तो आस पड़ोस से माँग, ली जाती थीं और उन्हें राख से माँज कर अच्छी तरह चमका लिया जाता था । एक डालड़ी बूरा भर कर रख दी जाती थी और एक भरथवे में देसी घी ताकर रख दिया जाता था । घर का बड़ा आदमी अपने बाँटे के बारातियों को रोटी जीमण को बुला लाता था । पानी का लोटा व भरे गिलास कतार में रख दिये जाते और इस कतार में ही बाराती बैठते थे । उनके नीचे कोई कोई खाली बोरी या औरलता भी बिछा दिया जाता था । थालियाँ उनके आगे रख कर बूरा परोसी जाती थी । उस बूरा की ढेरी में गड्ढ़ा बना कर उसमें घी डाल दिया जाता था । खाने वाला उस घी व बूरा को अच्छी तरह से मिला लेता था । घी से तर माँडे परोस दिये जाते थे । इन माँडों के साथ बूरा खाई जाती थी । बाद में दाल डालकर जीमण वालों का चरचरा मुँह करवा दिया जाता था ।

बाद में सारा भाईचारा मिल कर लड़की वाले के घर पर आये हलवाई से ही पक्की, रोटी बना लिया करते और लड़की वाले के ठिकाने पर पूरी बारात को जिमा दिया करते थे । आमतौर पर बारात का पहला खाना यही पंचायती रोटी ही होता था और इसमें ताजा बना गुलदाणा परोसा जाता था । देसी घी का पचकारीदार मोटा-मोटा गुलदाना फाँकते बाराती छत की तरफ देख-देख कर मुकाबला-सा किया करते थे । यह गुलदाना, यह प्यार, यह भाईचारा, इस ऊपर की आमदनी ने लोप कर दिया । बस दिखावा व ढूंगे मटकाना ही सब कुछ हो गया है ।

●

गिंदोड़ा बाँटना

हर कोई अपने आप को दूसरों से श्रेष्ठ समझता आया है । कोई बुद्धि में, कोई इज्जत में, कोई सत्ता में, कोई बल में तथा कोई धन में । किसी के पास इन बातों में से कोई एक भी बात, और वो भी थोड़ी सी भी हो, तो इन्सानी प्रवृत्ति ऐसी है जो इन्हें भाई बंधुओं में, गाँव वालों में या पूरे क्षेत्र में उजागर करे बिना रह नहीं सकता । इस काम के लिये मौके की तलाश में रहता है । ब्याह शादी का ऐसा मौका होता है जिससे दोगुणा प्रचार हो जाता है । जिस गाँव से बारात आए और जिस गाँव में बारात जाये । अपनी सेठाई दिखाने का भी हमारे क्षेत्र में एक विशेष रिवाज़ रहा है । अपने लड़के की शादी में केवल यारों प्यारों व रिश्तेदारों को ही दावत न देकर पूरे गाँव या कई गाँव को मिठाई खिला देने का चलन रहा है । इस चलन का नाम गिंदोड़ा बाँटना होता है । गिंदोड़ा खाँड से बना एक डला होता है जो हर छोटे-बड़े को एक-एक बाँट दिया जाता है ।

जब किसी के मन में लड़के की शादी में गिंदोड़ा बाँटने का विचार आता है तब पहले वह व्यक्ति अपने भाईबंधों से सलाह करता है । भाईबंधों के सहयोग बिना इतना बड़ा कारज सफल होना बड़ा कठिन होता है । इन की सलाह लेने के बाद पूरे गाँव से आज्ञा ली जाती है । वैसे ऐसे कामों में कोई रुकावट नहीं डाला करता है । मगर फिर भी कई बार किसी पुरानी रंजिश की वजह से कोई रोड़ा अटकाने की भी कोशिश करता है और या तो वह सहयोग करने से मना कर देता है और अगर उसके सहयोग के बिना काम न रुकता हो तो वह स्वयं और उस का परिवार गिंदोड़ा लेने से इंकार कर

सकता है, जो कारज सही ढंग से पूर्ण न होना माना जाता है और उसकी अपूर्णता चर्चा का गर्म विषय बन जाता है। ऐसा होने से जिस लाभ की आशा की जाती है वो मिलने की बजाये आलोचना का शिकार बनना पड़ता है। प्राचीन काल से ही सामाजिक अनुशासन ठीक रखने के लिये गाँवों को गोत्र, जात या खाप की दृष्टि से समूहों में बाँटा हुआ है। छोटा समूह चार गाँव होता है जिसे चौगामा कहा जाता है। आगे बारह गाँवों का समूह जिसे बाहरा कहा जाता है फिर चौबीस गाँवों की चौबीसी और तीन सौ साठ गाँवों की पूरी चौहदर होती है। आमतौर पर गिंदोड़ा बाहरे में बाँटा जाता है। कई भाई केवल अपनी बिरादरी में ही गिंदोड़ा बाँटते हैं।

गिंदोड़ा तैयार करने के लिये बहुत सारे हलवाई कई दिनों तक घर पर बैठते हैं। खाँड लेते समय अपने गाँव के लोगों के इलावा कुछ लोग गुहाँड़ों से भी साथ ले लिये जाते हैं। निश्चित तिथि से कोई दो चार दिनों पहले गिंदोड़ों की गाड़ियाँ भर-भर कर हर गाँव में भेजी जाती हैं और जिस गाँव में गाड़ियाँ जाती हैं उस गाँव के बड़े स्याणे अपनी देख-रेख में गिंदोड़ा घर-घर बँटवाते हैं। जरा-सी भी चूक सारा गुड़ गोबर कर देती है। इसलिये गिंदोड़ा बाँटने का काम पूरा होने तक बड़ा ही सावधान रहना पड़ता है। गिंदोड़ा बाँटने वाला परिवार अन्दर ही अन्दर प्रार्थना करता रहता है कि यह कारज सही ढंग से पूर्ण हो जाये। हलवाई का अनुमान भी थोड़ा रह सकता है - कोई बाँटने में गड़बड़ कर सकता है या कोई ऐन मौके पर लेने से मना कर सकता है। इन सारी बातों को पूरे ध्यान में रख कर ही आगे बढ़ा जाता है।

गिंदोड़ा बाँटने का ऐलान होने से लेकर और बँट जाने के कई महीनों बाद तक सारे क्षेत्र में इस बात की चर्चा होती है। जब बारात लेकर दूसरे गाँव जाते हैं तो वहाँ भी गिंदोड़े की चर्चा पहले ही पहुँच जाती है। चौधरी गिंदोड़ा बाँट कर आया है का ख्याल बिदा पर भी रखा जाता है। दान कुछ बढ़-चढ़ कर दिया जाता है।

वैसे तो यह गिंदोड़ा प्रथा अभिमान का ही सूचक रही है मगर इस प्रथा से सारे क्षेत्र में एक प्रकार का मंनोरंजन सा होता है - लोग कहते हैं 'धन तो धनी का और शोभा गाम की'।

●

देवउठनी ग्यास एवं भडलिया नौमी

हमारे ऋषियों-मुनियों ने ब्याह शादी रचाने के लिये भी मौसम अनुसार समय तय कर रखा था। वर्षा ऋतु में, हवा में बहुत नमी हो जाती है और हम साँस उसी हवा में लेते हैं, इसलिये हमारी जठरागनी मन्दी पड़ जाती है। इसी कारण से वर्षा ऋतु में हमारी पाचन क्रिया प्रभावित होती है। ब्याह के अवसर पर पकवान खाये जाते हैं। वर्षा की ऋतु वाला समय पकवान खाने के लिये उपयुक्त नहीं समझा जाता है। वैसे भी पहले बारात बैलगाड़ियों में जाती थी। वर्षा हो जाने से कच्चे रास्ते पानी से भर जाते थे जिस कारण आने-जाने में कठिनाई होती थी। इन दोनों कारणों से कुछ महीनों के लिये ब्याह करना रोक कर दिया गया था। साधारण जनता को सीधे ढंग से समझाने के लिये कह दिया कि इस समय देवता सो जाते हैं और वे ब्याह जैसे पवित्र मौके पर आशीर्वाद देने नहीं आ सकते हैं। उतरते असाढ की नौवीं से लेकर उतरते कार्तिक की ग्यास तक तारा डूबा कह कर ब्याह करना मना कर दिया था।

प्रथा के अनुसार ब्याह तय करने से पहले लड़के व लड़की की कुंडली मिलाई जाती है और ब्याह के शुभ मुहूर्त के लिये तिथि का भी पता पंडितों से लगवाया जाता है। कई बार ऐसा मौका बैठता है कि लड़के व लड़की के योग अनुसार कोई उपयुक्त तिथि नहीं बनती है। ऐसे अवसर पर दो तिथियाँ ऐसी होती हैं कि इन में किसी का भी ब्याह हो सकता है – ब्याह खुलने की तिथि देवउठनी ग्यास व अन्तिम तिथि भडलिया नौमी। इन तिथियों को अनशोध साया भी कहा जाता है अर्थात् किसी पंडित की सलाह

बिना इन तिथियों में शादी की जाती है । यही कारण है कि इन दोनों दिनों में अनेक ब्याह रचायें जाते हैं । राजस्थान में तो हर मोहल्ले में इन दिनों में शादी होती मिल जायेंगी । बारात ले जाने के लिये वाहन, मिठाइयाँ बनाने वाले हलवाई, टेन्ट वाले, बाजे वाले, फेरे करवाने वाले पुरोहितों की भारी कमी के कारण बड़ी कठिनाइयों को झेल कर भी इन तिथियों में ब्याह किये जाते हैं । रिश्तेदारों को भी कई बार सोचना पड़ता है कि किसकी शादी में जाया जाये और किसकी छोड़ी जाये । सड़कों पर बारात ले जाने वाले वाहनों को गिन पाना सम्भव नहीं होता । देखते ही देखते एक के अच्छी तरह गुजरने से पहले दूसरी बारात लिये वाहन आ जाते हैं । बाजे वाले तीन-तीन सिफ्टों में बाजा बजाते हैं । चौपालों, धर्मशालाओं, स्कूलों आदि में बारात ठहराने के लिये कई महीने पहले बुकिंग करवाने के बाद भी परेशानी उठानी पड़ जाती है । वैसे इन तिथियों में ब्याह करना आनन्द व उल्लास का अवसर न होकर बस काम चलाऊ आयोजन ही रहता है ।

आज कल लोग तिथियों से इतने परिचित नहीं होते हैं । अंग्रेजी कलेंडर के अनुसार तारीखें तय की जाती हैं । कई समुदाय तो तारा डूबा होने पर भी शादी कर लेते हैं । वे इस प्रथा को मानने वालों को अंध-विश्वासी बताकर अपने को समझदार बताते हुए, समझाते हैं कि तारा डूबा रहने पर ब्याह सम्बंधी हर सुविधा सुविधापूर्वक मिल जाती है वो भी सस्ती ।

कुछ भी हो हमारे रिवाज़ विज्ञान की कसौटी पर खरे उतरते हैं इसलिये उन्हें मानने में बुराई नहीं होती ।

●

ससुराल में खाना झूठा छोड़ना

पहले-पहल जब लड़का ससुराल जाता था तो जरूरी बात है उसे थोड़ी शर्म-सी आती थी-बहुत कम बोलता था । कई-कई दिनों तक ठहरने का रिवाज़ था । पैदल चल कर ही तो जाना होता था इसलिये थकावट होना कोई बड़ी बात नहीं थी । इस थकावट को उतारने के लिये ही कई दिनों तक रुकना पड़ता था । कई बिरादरियों में तो 10-15 दिनों तक भी दामाद को रखा जाता था । इस का कारण सारे परिवार के घरों में खाना खा के सदस्यों को ठीक तरह से जान लेना ही था । पहले तो नाई साथ जाता था और बाद में छोटा भाई या कोई यार दोस्त साथ जाने लगे थे । यानी लड़का अकेला इसलिये नहीं जाता था कि शर्म के मारे कभी भूखा या प्यासा न रह जाये । दूसरे सालियाँ भी बहुत ज्यादा मजाक किया करती थीं । उनका मुकाबला करने के लिये साथी की जरूरत जरूर पड़ा करती थी । पहले क्योंकि परिवार इकट्ठे रहा करते थे और भाईचारा भी मजबूत होता था इसलिये सालियाँ भी पाँच सात हो जाया करतीं - सालों की जवान बहुएँ जिन्हें सलज कहा जाता है, भी तो हँसी मजाक करने में पीछे नहीं रहा करती थीं । नए-नए दामाद जिसे बटेऊ, पोहणा या कँवरजी कहा जाता है, का मखौल करने के लिये दर्जनों दिमाग काम करते थे - खाने में मखौल तथा बोलने में भी मखौल किया जाता था । परोंठे के बीच में लोगड़ डाल देना - मिर्च भर देना - बैठने के आसन के नीचे कोई चुभने वाली चीज रख देना-चलने की जगह फिसलने के लिये तेल डाल देना - चारपाई की दरी के नीचे कोई भूँड भिरड आदि छोड़ देना - नहाते समय धोती को उठा ले जाना; आम बात थी । दूध में

शक्कर की बजाये कोई दस्त लगाने वाली चीज डाल देना। गाँव में घरों में टट्टियाँ न होना नए-नए बटेऊ के लिये बार-बार गाँव से बाहर जाना वो भी अकेले नहीं साला साथ जाता था, एक अजीब स्थिति में डालने वाला मखौल होता था - कैसे कहे कि टट्टी के लिये जाना है ? सुबह शाम वाली बात तो जचने वाली हुई मगर दिन में कई बार... ? कहते हैं रिश्वत बड़े-बड़ों का ईमान डूबो देती है । ससुराल में भी यह गुर अपनाया जाता है । हरियाणा के अधिकतर इलाकों में पहले बूरा को घी से तर करके महमानों को खाने के लिये दिया जाता था - बाद में हलवा आदि देने का भी चलन हो गया । आमतौर पर सास भोजन परोसती है । पहले थाली रखी जाती है । एक लोटा पानी व गिलास (बखोरा) भी आसन के साथ रख दिये जाते हैं । थाली में एक किनारे बूरा की ढेरी लगा दी जाती है । बटेऊ, हाथ के इशारे से ज्यादा न डालने को कहता है । उस ढेरी में गड्ढ़ा कर दिया जाता है। उस गड्ढ़े में ताये हुये घी की ऊपर से धार बाँध दी जाती है । ज्ब तक घी गड्ढ़े से बाहर न निकल जाये, धार जारी रहती है । यह घी बूरा को पूरी तरह तर कर देता है । फिर पतली से पतली रोटियाँ जिन्हें माँडे कहा जाता है परोसी जाती हैं । ये भी घी से चुपड़ कर तर किये जाते हैं ।

बटेऊ खाना शुरु करने से पहले सालियों को खुश करने के लिये बूरा का आधा भाग थाली में ही अलग कर देता है । इस तरह छोड़ी बूरा को सालियों के लिये झूठा छोड़ना कहा जाता है । थोडी बूरा छोड़ने वाले बटेऊ को भूखे घर का कह कर मजाक उड़ाया जाता है । यदि बूरा की बजाये कोई दूसरा पकवान हलवा या खीर आदि हो तो उसे भी सालियों के लिये छोड़ा जाता है । कहते हैं जीजा का छोड़ा झूठा पकवान या बूरा खाने से सालियाँ मोटी हो जाती हैं ।

एक दो दिन का थोड़ा-सा खाना खाने से कोई मोटा नहीं होता परन्तु हँसी, मखौल, मजाक शरीर की सारी अन्तडियों को अच्छी तरह खोल देते हैं जिस से शरीर को लाभ ही लाभ है । मगर बाहर वालों की नकल करके हमने अपनी अमूल्य, धरोहर को खो लिया है और खोते ही जा रहे हैं । दहेज के लोभ ने हमारे हँसी मजाक हड़प कर लिये हैं ।

•

लड़की के घर न खाना

प्रथाएँ व मर्यादाएँ तय करते समय समाज का हित ही ध्यान में रखा जाता है और सुख-शान्ति से जीवन बिताने का माहौल बना रहे ही सबसे बड़ा हित होता है । माँ-बाप बेटी को पाल-पोष कर बड़ी करते हैं । अपनी औलाद से स्नेह होना स्वाभाविक क्रिया होती है । फिर बेटी की शादी करके उसे अपने से दूर कर दिया जाता है । अपने बच्चे को इस प्रकार अपने से दूर कर देना इतना सहज काम नहीं है । जब यह प्रथा बनी होगी तब माँ-बाप, दादा-दादी, चाचा-चाची व ताऊ-ताई के लिये लड़की को दूर कर देना बड़ी कठिन परिस्थिति रही होगी । इसी परिस्थिति के कारण वे लड़की से मिलने उसकी ससुराल बार-बार जाते होंगे । अपने इन रिश्तेदारों को मिलकर लड़की का मन ससुराल से ऊचाट होता होगा और उनके चले जाने के बाद कई दिनों तक उसका मन फिर अपने पीहर में भटकता होगा । इस भटकाओं का इलाज लोगों ने मिल बैठकर सोचा होगा । साधु-सन्तों ने भी इस समस्या पर विचार किया होगा । यह तो तय है कि जब-जब भी कोई अपने प्रिय के पास जायेगा तब-तब दोनों का मोह हरा होगा और उनका बिछुड़ना दुख का कारण होगा । इस का हल यह सोचा होगा—न बिल्ली दिखे न कुत्ता भौंके । यानी इन रिश्तेदारों का लड़की की ससुराल में जाना ही बन्द हो । इसे ज्यादा कठिन न बना कर इसको थोड़ा नर्म कर देने की आवश्यकता भी सोची गई । तय यह हुआ कि परिस्थिति वश वहाँ जाना भी पड़े तो बस मिलने भर के लिये—वहाँ पर ठहरना नहीं हो । इस पर अंकुश यह लगाया कि बेटी के घर का कुछ भी नहीं खाया व पीया जायेगा । जब खाना पीनी ही मना होगा तो वहाँ

ज्यादा देर कौन ठहर सकता है ?

इस अंकुश को सफल बनाने के लिये हमारे साधु-सन्तों ने इसे धर्म के साथ जोड़ दिया – जो बेटी के खाये-पीयेगा उसे पाप लगेगा । जब बेटी को दान कर दिया तब बेटी का धन भी, अन्न भी, पानी भी, दान की वस्तु ही हुई । दान की चीज का प्रयोग तो दान को वापिस लेना ही हुआ, जो कि पाप होता है ।

एक दूसरा पहलू भी है । जब माँ-बाप जिहोंने बेटी को पाला है, बेटी के पास जायेंगे तो वे कोरी औपचारिक महमानों की तरह तो वहाँ रहेंगे नहीं । बेटी की घर-गृहस्थी में भी ताक-झाँक करेंगे । बेटी से उसका दुख-सुख भी पूछेंगे । बेटी भी उनसे खुलकर मन की बात बतायेगी । यदि बेटी को ससुराल का कोई दुख हुआ या किसी वस्तु का अभाव हुआ तो वे उस बात का जिकर अपने समधी व समधन से करेंगे । इस तरह बात करने से लड़की की गृहस्थी में क्लेश होने का भय बन जाता है । इस लिये 'न रहे बाँस और न बजे बाँसुरी'– माँ-बाप आदि क बेटी के घर न जाना ही ठीक समझा गया । इस नियम को सुचारू बनाने के लिये बेटी के घर खाना-पीना मना कर दिया जो अन्तत: बेटी की भलाई में ही होता है ।

हम अब इस नियम में ढील देने लगे हैं । माँ बेटी के ससुराल कई-कई दिन ठहर कर आती है । इसका दुष्प्रभाव हमारे सामने है । ज्यादातर रिश्तों में तू-तू, मैं-मैं होती रहती है । कलह व क्लेश बेटी के जीवन को दुखमय बना देता है । कुछ लोग बेटी के घर खाना खाकर उसके पैसे दे देते हैं । मगर यहाँ दुकानकारी नहीं चलती । यहाँ तो असल मकसद बेटी की गृहस्थी में दखल न करना है जो वहाँ बेमतलब जाने से पूरा होता है ।

●●

मृत्यु सम्बन्धी रिवाज़

दाग देना अर्थात् दाह संस्कार

मृत्यु तो हर एक को आती है । मृत्यु के बाद शरीर बेकार की वस्तु बन जाता है । ज्यादा देर हो जाने के बाद शरीर से बदबू आने लग जाती है तथा दो दिनों के बाद तो गलना शुरु हो जाता है । इसलिये इसे जितना भी जल्दी हो सके नष्ट करने का चलन है । यदि मृत्यु किसी बच्चे की हो तो उसे गाँव से बाहर गहरा गड्ढ़ा खोद कर उसमें दबा दिया जाता है । ऊपर वाली स्तह पर कुछ काँटेदार झाड़ियाँ मिट्टी में दबा दी जाती हैं ताकि जंगली जानवर, गीदड़ आदि गड्ढ़े को न छेड़ें । इस काम के लिये ज्यादा आदमी नहीं जाते हैं – बस पाँच सात रिश्तेदार ही एक कस्सी ले कर जाते हैं और एक आदमी मृत को अपने हाथों पर रख कर ले कर चलता है । बच्चे दफनाने के स्थान को गाड़ कहते हैं ।

इसी प्रकार हमारे मुसलमान भाई भी अपने मुर्दों को कब्र खोद कर जमीन में गहरा गाड़ते हैं । इस काम के लिये एक जगह तय होती है जिसे कब्रिस्तान कहा जाता है । मृत शरीर को वहाँ ले जाने से पहले कुछ आदमी कब्रिस्तान जा कर कब्र खोदने का काम करते हैं और फिर आस-पड़ोस के लोग व यारे प्यारे मृत शरीर को अर्थी पर रख कर कब्रिस्तान में ले जाते हैं।

हमारे इलाके के साधु सन्त बाबा आदि को भी, मृत्यु पर जमीन में ही दफनाया जाता है । बिसनोईयों में भी इसी प्रकार का चलन होता है ।

यहाँ क्योंकि ज्यादा आबादी हिन्दुओं की है तो मुख्य रिवाज़ हिन्दुओं वाले ही जाने जाते हैं । मृत्यु का समय निकट आने पर मरने वाले को चारपाई आदि से नीचे उतार कर जमीन पर लिटा दिया जाता है और ऊपर चादर ढक

दी जाती है । कहते हैं अन्तिम सांस पृथ्वी पर ही आना चाहिये क्योंकि आखिरी सहारा सबके लिये तो पृथ्वी ही होती है । मृत शरीर के साथ-साथ हल्दी भी बुरका दी जाती है । हल्दी तो कीटाणुओं को मारती है । मृत्यु की खबर लगने पर आस-पड़ोस से लोग इकट्ठे हो जाते हैं । शमशान घाट - चीहाणी - पर लकड़ी गोस्से व थोड़ा सूखा फूँस पहुँचा दिया जाता है । यदि मरने वाली औरत हो तो उसे औरतें और मर्द हो तो उसे मर्द अन्तिम स्नान कराते हैं और नए कपड़े पहनाते हैं तथा शरीर को अर्थी पर रखकर कफन से ढक देते हैं । मरने वाले पुरुष की पत्नी अपनी चूड़ियाँ तोड़ कर उसकी छाती पर रख देती है । कुछ औरतें सम्मान के तौर पर मृत शरीर पर चादरें भी डालती हैं जिन्हें चिता पर रखने के बाद उतार लिया जाता है । ये चादरें एक तो शरीर को जलने में रुकावट डालती हैं दूसरे किसी गरीब को काम आ जाती हैं । चार व्यक्ति अर्थी उठा कर चलते हैं । एक आदमी जलता हुआ गोस्सा तथा दूसरा एक कोरे मटके में पानी ले कर चलता है । बाकी पीछे चलते हैं । रास्ते में थोड़ी-थोड़ी देर बाद अर्थी को लगे आदमी बदलते भी रहते हैं । लकड़ियों की चिता चिन कर शरीर को उसके ऊपर रख दिया जाता है और फिर ईंधन से अच्छी तरह ढक दिया जाता है । मरने वाले का लड़का या भाई चिता में अग्नि देता है । चिता अच्छी तरह जलने लग जाने के थोड़ी देर बाद एक आवाज आती है जिसे कपाल फटना कहा जाता है । इस आवाज के बाद अर्थी से, पहले ही निकाले गये बाँस को चिता जलाने वाला व्यक्ति, चिता के ऊपर से फेंकता है । इसे बाही फेंकना कहा जाता है । वैसे रिवाज़ रहा है कि शमशान घाट पर जाने वाले सभी एक-एक लकड़ी अपने घरों से लेकर आते हैं । कई बार तो गुहाँडी भाइयों को पता चलने पर वे भी एक लकड़ी कंधे पर रखे हुये आते हैं । असल में तो यह रिवाज़ ही हमारे सामूहिक तौर पर जीवन जीने को दर्शाता है । बाही फेंकने के बाद सभी वहाँ से चल पड़ते हैं और हाथ मुँह धो कर, कुछ देर मृत्यु वाले के घर बैठते हैं । थोड़ी देर बाद दो आदमी जा कर चिता को फिर सम्भाल कर आते हैं । यदि शरीर पूरी तरह से न जला हो तो और ईंधन डालकर जलाया जाता है । क्योंकि शरीर जलने से बदबू वाली गैस निकलती है इसलिये शमशानघाट गाँव से दूर होता था । मगर आबादी बढ़ जाने से तो ये गाँव के पास ही आ गये हैं ।

●

फूल उठाना या चुगना

जब मृत आदमी का शरीर जला दिया जाता है तब कुछ हड्डियाँ बिना राख हुए बच जाती हैं । इन्हें मृत आदमी के फूल कहा जाता है । रिवाज़ यह रहा है कि इन फूलों को किसी पवित्र नदी या झील में प्रवाहित कर दिया जाये । कुरुक्षेत्र, जहाँ महाभारत का युद्ध हुआ था, के कुछ इलाकों को छोड़ कर लोग अपने मरने वालों के फूल चुगते हैं । ज्यादातर लोग दाह से अगले दिन फूलों को चुगते हैं । ध्यान इस बात का रखा जाता है कि चिता की राख ठंडी हो जाने पर ही फूल चुगे जायें । कई बार गर्मी के मौसम में चिता दो दिनों तक भी गर्म रहती है । ऐसी हालत में राख पर ठंडा पानी डालकर फूल चुगे जाते हैं ।

फूल चुगने के लिये परिवार के पुरुष, यार मित्र सूर्य उदय से पहले ही शमशान घाट चले जाते हैं । कुछ लोग एक बरतन में थोड़ा दूध तथा पके हुए चावल भी ले जाते हैं । चार खूटियाँ व नाला भी साथ ले जाते हैं । ज्यादातर लोग पंडित को साथ नहीं ले जाते हैं । चिता की राख से हड्डियों को ढूंढ़ा जाता है । इन हड्डियों को एक बाल्टी में रख कर दूध से धोया जाता है । लाल कपड़े से बनी एक कोथली में इन्हें बाँध दिया जाता है । बाकी बची राख को इकट्ठा कर दिया जाता है । राख के इस ढेर के चारों कोनों पर चार खूंटियाँ गाड़कर नाला पूर दिया जाता है और फिर म्ट्टिी की सराइयों में पके हुए चावल डालकर चारों तरफ रख दी जाती हैं ।

आमतौर से तो इन फूलों को लेकर शमशान घाट से ही पवित्र नदी, झील, सरोवर, को चले जाते हैं । पहले तो अपने इलाके के ज्यादातर लोग

गंगा नदी में फूल बहा दिया करते थे । अपने हरियाणा के लोगों के लिये गढ़मुक्तेश्वर, जिसे गढ़ गंगा कह दिया जाता है, नजदीक पड़ती है । लोग वहीं पर जाते हैं । वहाँ बृजघाट पर फूलों को प्रवाहित कर दिया जाता है । वहाँ पर भी पंडे इस काम को कराते हैं और लोग अपने आप भी बहा देते हैं । वैसे पंडे अपने लालच में ज्यादा से ज्यादा दक्षिणा माँग कर लोगों को परेशान करते हैं । वहाँ पर सभी जिलों के पंडे अलग-अलग हैं । वे मरने वाले का नाम अपनी पोथी में लिख लेते हैं । फूल लेकर आने वाले का नाम भी लिखा जाता है । इन पंडों की पोथी में पिछली कई पीढ़ियों का पूरा ब्यौरा होता है । वे हर बार सारे परिवार के सदस्यों के नाम लिख लेते हैं । इन पंडों की पोथियों को कचहरियाँ भी मान्यता देती हैं ।

अब लोगों के पास पैसा अधिक हो गया है इसलिये इन सीधे रिवाज़ों को भी दिखावे में बदल दिया है । पूरा परिवार कारों में सवार होकर हरिद्वार आदि जाता है । चिता की राख की बोरी भी साथ रख ली जाती है । चाहे जीते जी बूढ़े-बुढ़ियों को सम्मान पूर्वक न रखा गया हो मगर फूलों को हरिद्वार की हर की पौड़ी में बहा कर रिश्तेदारों से वाह-वाही लूटने की होड़ लगाने का चलन बनता जा रहा है । कुछ लोग पेहवा के सरोवर में भी फूल डालते हैं और फूर्सत मिलने पर पिंडदान करते हैं ।

●

तेहरवीं

जब परिवार में किसी की मृत्यु हो जाती है तो आयु साधन तथा परिस्थिति अनुसार कुछ रस्में करनी पड़ती हैं । साधारणतौर पर मृत्यु हो जाने पर सभी मिलने जुलने वाले, सगे प्यारे अफसोस करने आते हैं । गाँव के लोग तो मृत्यु की सूचना मिलते ही आ जाते हैं । गुहाँडी भाई एक दो रोज बाद आने लग जाते हैं । रिश्तेदारों को पहले तो चिट्ठी डालने से ही खबर दी जाती थी । जिस पोस्टकार्ड पर मृत्यु की सूचना लिखी जाती थी उसका ऊपरी एक कोना काट दिया जाता था ताकि एक तो डाक वाले उसे जल्दी पहुँचायें । दूसरे देहात में पढ़ाई बहुत कम होने की वजह से कोना कटी चिट्ठी देखते ही अनुमान लग जाये कि किसी की मृत्यु हो गई है इसलिये इसे जल्दी से पढ़वाया जाये । यदि जवान मौत हो तो रिश्तेदार भी खबर सुनते ही आ जाते थे । यह सिलसिला मृत्युवाले दिन को शामिल करके 13वें दिन तक चलता है । रिवाज़ यह भी है कि चाहे कितना भी बड़ा रिश्तेदार हो, खाना साधारण ही दिया जाता है । पहले तो आने वाले खाटों पर ही बैठते थे, मगर शहरों की देखा-देखी अब जमीन पर दरी आदि बिछा कर भी बैठने लगे हैं । गाँव वाले और गुहाँडी तो हुक्का पीते-पीते बस बातों में अपना अफसोस जाहिर कर देते थे । वैसे रिवाज़ यह रहा था कि ऐसे मौके पर रिश्तेदारी से भी स्याणा (बड़ी उम्र का) व्यक्ति ही आये । नये बने दामाद आदि के पिता, दादा, ताऊ या चाचा ही आते थे । हाँ, ब्याही लड़कियाँ अपनी ससुराल से अपनी सास, ताईस, पीतस, जैठाणी व देवरानी के साथ आती हैं और इस तरह जाने को नाखर जाना गोडा निवाना, मुह काण आदि नामों से पुकारा जाता है । ये महिलायें मृत्यु परिवार

वाले घर से थोड़ी दूर से रोना शुरू कर देती हैं और घर के भीतर जा कर तो खूब रोना-धोना मचाती हैं । लड़कियाँ तो बहुत ही रोती हैं और घर की कई औरतों के समझाने से ही रोना बन्द करती हैं । ज्यादा रोकर दिखावा करना, यह दिखाना होता है कि रोने वाली को तो बहुत अधिक अफसोस हुआ है। बड़ी उम्र का बूढ़ा या बुढ़िया की मृत्यु पर कोई खास रोना नहीं होता है ।

साधारणतय मृत्यु के 13वें दिन रस्म तेहरवीं की जाती है । कहते हैं महिला की 13वीं एक दिन कम की जाती है । कुछ परिवारों में मरने वाले की आत्मा की शान्ति के लिये उस दिन हवन किया जाता है । वरना ब्राह्मणों को भोजन करा कर दक्षिणा दी जाती है । जिसने दाह संस्कार करवाया होता है उस चार्ज को कपड़े आदि दिये जाते हैं । यह काम दो पहर से पहले-पहले ही हो लेता है । 13वीं हो जाने के बाद घर वालों को अफसोस करने आने वालों के लिये बैठना नहीं पड़ता है और अपना सामान्य काम शुरू कर दिया जाता है । एक खास बात यह है कि अफसोस करने आने वालों को घर से बाहर छोड़ने के लिये नहीं जाया जाता है जैसे आमतौर पर रिश्तेदार को थोड़ी दूर तक छोड़ने जाने का रिवाज़ होता है ।

सतरवीं एवं काज

जब किसी की मृत्यु बड़ी उम्र में होती है और अपने पीछे बेटे-पोते छोड़ कर गया / गई हो तथा उनकी आर्थिक हालत अच्छी हो तो तेहरवीं की बजाये सतरवीं की जाती है । यह 17वें दिन होती है, इसलिये इस रस्म का नाम सतरवीं रखा गया है । सतरवीं करने की चिट्ठियाँ सगे सम्बंधियों तथा यारों प्यारों को भेजी जाती हैं । परिवार की ब्याही लड़कियाँ उस दिन रोने की बजाये कुछ खेल तमाशा करने वालियों के साथ आती हैं इसे खेड्डे कहा जाता है । ऐसे व्यक्ति को दाह संस्कार के लिये ले जाते समय भी बाजा बजवाया जाता है और फूल व खीलें बखेरी जाती हैं । वैसे सतरवीं करने की सलाह भी भाई बंधों से कर ली जाती है । सारे गाँव को जीमण का न्योता दिया जाता है । कई दिन पहले हलवाई लड्डू बनाना शुरू कर देते हैं और कढ़ाई पर चार भाई बैठ हुक्का पीते रहते हैं । सतरवीं वाले दिन सुबह हवन किया जाता है

और फिर जीमणवार शुरू हो जाती है । बाद दोपहर चार भाई इकट्ठे बैठते हैं और मरने वाले के बड़े बेटे को एक पाटड़े पर बैठा लिया जाता है । अब रस्म पगड़ी होती है । वैसे शहरों में तो तेरहवीं पर भी रस्म पगड़ी होती है मगर देहात में पगड़ी सतरवीं पर ही बाँधी जाती है । सब से पहले गाँव की पगड़ी बाँधी जाती है । गाँव का बड़ा स्याणा पगड़ी बाँधता है और कुछ नकद रुपये भी भेंट करता है । इस का अर्थ होता है कि आज से इस बड़े बेटे को उसके बाप के स्थान पर मान्यता दे दी गई है । उसके बाद बाहर से आये गुहाँडी पगडी बाँधते हैं और फिर परिवार के लड़कों की ससुराल वाले पगड़ी बाँधते हैं । वैसे पगड़ी तो एक ही बाँधी जाती है तथा बाकी की पगड़ियाँ, बस सिर पर रख दी जाती हैं । हाँ पगड़ी के साथ कुछ रुपये जरूर दिये जाते हैं । कुछ लोग इन्हें अपनी बही में लिख लेते हैं ताकि आने वाली पीढ़ियों को याद रहे ।

जितने रूपये पगड़ी पर आते हैं परिवार वाले उतने ही रूपये अपने पास से मिला कर धर्म में लगा देते हैं । किसी मंदिर, धर्मशाला, चौपाल, गऊशाला या स्कूल में दान दे दिया जाता है । आने वाले रिश्तेदारों को लड्डू के थैले दिये जाते हैं ताकि वे अपने घर जा कर अड़ोस-पड़ोस में बाँट दें । लड़कियों को कपड़े दिये जाते हैं ।

कुछ लोग ऐसे होते हैं जिन्होंने अपने बाप का नाम सारे इलाके में चमकाना होता है । वे मृत्यु पर सतरवीं की जगह काज करते हैं । जहाँ सतरवीं का दायरा रिश्तेदारों व गाँव वालों तक ही रहता है वहाँ काज का दायरा बाहरे व उससे बाहर तक जाता है । जैसे ब्याह में गिंदोड़ बाँटा जाता है इस प्रकार मृत्यु पर काज किया जाता है ।

काज करने की सलाह बाहरे की पंचायत से की जाती है । अनुमति मिल जाने के बाद चिट्ठियाँ पाड़ी जाती हैं । हमारे क्षेत्र में सार्वजनिक चिट्ठी लिखने को चिट्ठी पाड़ना ही कहा जाता है । इसका अर्थ होता है मनादी । बस चिट्ठी पाड़ने के बाद तो लड्डूओं को बनवा-बनवा कर कोठे भर लिये जाते हैं । जो जीमणे नहीं आता उसे लड्डू घर पर भेजे जाते हैं । सारे गाँव की बैल गाड़ियाँ लड्डूओं से भर-भर कर दूसरे गाँव में भेजी जाती हैं और उन गाँव वालों की सलाह पर घर-घर लड्डू दिये जाते हैं ।

ब्राह्मणों को लड्डूओं के साथ नकद रुपये भी दिये जाते हैं । बड़े

लड़के को पगड़ी इस मौके पर भी बँधी जाती है और, तेरहवीं की तरह ही धर्म के रुपये दिये जाते हैं बल्कि काज के मौके पर तो ज्यादा ही बढ़ कर धर्म किया जाता है । यह काज तो कोई–कोई बिरला ही करता है और कई कई सालों के बाद काज करने की रस्म सुनने को मिलती है । वैसे लोग काज आदि करके रुपये खर्च करने की बजाये मृत्युवाले की स्मृति में धर्मशाला, स्कूल, मंदिर व हस्पताल आदि बनवा देते हैं ।

●

कनागत या श्राद्ध

अपने बड़े बुज़ुर्गों का आदर सम्मान करना हमारी संस्कृति का बड़ा महत्त्वपूर्ण हिस्सा है । उन्हीं के आशीर्वाद से सुख-शान्ति तथा जीवन में सफलता की कामना की जाती है । लाख कष्ट उठा कर भी अपने बूढ़े माँ-बाप की सेवा करने का इस भूमि पर चलन है । ऐसा न करने वालों पर समाज उँगली उठाता है तथा रिश्ते-नाते भी ठीक ढंग के जुड़ने में भी कठिनाई आती रहती है । यह आदर-सम्मान करना जीवन तक ही सीमित नहीं था, मृत्यु के बाद भी लम्बा सिलसिला चलता है । एक धारणा ऐसी भी है कि मृत्यु के बाद आत्मा पितृ लोक में घूमती रहती है और यदि औलाद उनके नाम व काम को सुचारू रूप से नहीं चला सकी तो वो आत्मा भटकती फिरती है । इस भटकाव को टालने के लिये अपने बुज़ुर्गों के नाम पर किसी तरह का चट्टा-बट्टा न लगने देने की पूरी कोशिश रहती है ।

कहते हैं आसोज के पहले पखवाड़े में ये आत्माएँ अपनी मृत्यु तिथि वाले दिन पृथ्वी लोक पर आ कर यह देखती हैं कि उनकी औलाद उनके मान-सम्मान को बनाये हुये भी हैं या नहीं । उनकी आत्मा की सन्तुष्टि के लिये उस दिन पुत्र, पौत्र दान-पुण्य करते हैं । इस प्रथा का नाम होता है, कनागत । कुछ लोग इसे श्राद्ध भी कहते हैं । कनागत का सीधा अर्थ होता है सुगति अर्थात् अच्छी गत और श्राद्ध का अर्थ है श्रद्धा से किया गया कार्य । अपने पितरों की सद्गति के लिये किया गया कार्य कनागत या श्राद्ध कहलाता है । ऐसा लगता है, कनागत, कण-अगत से बिगड़ कर बना है तथा कण-अगत का अर्थ भी 'कण-कण की अगत अच्छी हो' होता है ।

हमारे हरियाणा में आसोज लगते ही कनागत लग जाते हैं और अमावस वाले दिन अन्तिम कनागत होता है । वैसे यदि किसी को अपने बुजुर्गें की पुण्यतिथि का ज्ञान न हो तो वे अमावस वाले दिन उनका कनागत कर लेते हैं । हमारे गाँव कुछ ऐसे ढंग से बसे हैं कि हर गाँव में कई–कई बिरादरियाँ होती हैं जिन्हें 36 जात कहा जाता है । ब्राह्मण की जात सबसे ऊँची मानी गई है । वैसे हरियाणा में तो ब्राह्मण जिसे सीधे तौर पर बाहम्ण कहा जाता है, भी किसान हैं । उनके पास पुर्खों द्वारा दान दक्षिणा में मिली कृषि–भूमि होती है और वे दूसरे किसानों की तरह ही रहते हैं । उनके रहने सहने व लत्ते कपड़ों से वे अलग नहीं पहचाने जाते हैं । फिर भी कनागतों में वे दूसरी जातियों के लिये पूज्य बन जाते हैं । उनका काम दान–दक्षिणा लेना हो जाता है । कनागत लगने से थोड़ा पहले लोग ब्राह्मणों का मजाक करते हैं – दादा ईब तै सामठा हो ज्यागा – अर्थात कनागतों में अपने जजमानों के घरों में दावत खा–खा कर मोटा हो जायेगा । हाँ गाँव के हर परिवार का अपना ब्राह्मण होता है । उसी को जीमणे का न्यौता दिया जाता है तथा वही सबसे पहले दान–दक्षिणा लेने का हकदार होता है ।

अपने बुजुर्ग की पुण्यतिथि वाले दिन ब्राह्मण को जीमणे का न्यौता दिया जाता है । घर को लीप कर शुद्ध किया जाता है । नये मटकों में पानी भर कर लाया जाता है । कई घरों में तो ब्राह्मण ही भोजन बनाता है । आमतौर पर तो खीर ही बनती है और पतले–पतले माँडे बनाये जाते हैं । पहले ब्राह्मण माँडों पर खीर रख कर घर की मुँडेर पर रख देता है जिसे कौए आकर खा जाते हैं । ब्राह्मण इन कौओं को ही पितृ बता कर जजमान को कहता है – हो गई तृप्ति पितृ की, श्राद्ध ग्रहण कर गया । अर्थात् कनागत करने वाले का वो बुजुर्ग जिस का कनागत किया जा रहा है, कौए के रूप में आकर सन्तुष्ट हो कर चला गया है । फिर ब्राह्मण भोजन करता है । जीमता है । फिर ब्राह्मण को दक्षिणा दी जाती है । दक्षिणा जजमान की आर्थिक हालत व नियत अनुसार होती है । कुछ लोग तो नकद राशि के इलावा कपड़े, सूखा सीधा–आटा, दाल, चावल, बूरा, घी आदि भी देते हैं । नगरों में पिंड दान करने की भी प्रथा है । इसके बाद परिवार भोजन करता है । कहावत बन गई है – बालक खीर खाएँ और देवता भला मनायें । अर्थात् कनागत में तो कुछ नुकसान नहीं, अपना ही परिवार खीर खाकर देवताओं को खुश कर लेता है ।

वैसे आर्य समाजी परिवार व रोशन दिमाग वाले इसे अन्ध विश्वास बता कर कहते हैं – माँ बाप की तो जीते जी ही सेवा करने से आशीर्वाद मिलता है । जीते जी आदर-सम्मान न करें, सेवा न करें और मरने के बाद कनागत करें, तो अगत क्या सुधरेगा ? वैसे इस तर्क में दम भी है । जब बूढ़े माँ-बाप की अच्छी तरह से सेवा होती है तो उनकी अन्तर आत्मा से आशीर्वाद निकलता है । यह आशीर्वाद सुख-शान्ति का सृजक होता है । यदि औलाद सेवा ठीक से नहीं करती और बूढ़ा-बुढ़िया परेशन हो कर गुजरते हैं तो घर में सुख-शान्ति का अकाल पड़ जाता है । फिर श्राद्ध करने से कोई विशेष लाभ नहीं होता है । इसलिये औलाद को अपने बुजुर्गों का आशीर्वाद लेकर ही सफलता की कामना करनी चाहिये और सुख चैन प्राप्ति का मार्ग अपनाना चाहिये । जीते न लिया आशीर्वाद फिर कैसा श्राद्ध ? आज कल अपनी जननी की अवहेलना करके बाहर गुरु बना कर शान्ति व कल्याण प्राप्त करने का चलन बनता जा रहा है जो केवल भटकाव ही है । जिसकी जननी सुखी नहीं उसे लाख जन्मों में भी सुख नहीं मिलेगा । असल सुख तो माँ की सेवा में ही मिलता है ।

●●

अन्य रिवाज़

साँझी बनाना

'दशहरा का त्योहार, जहाँ शहरों में रामलीलाओं के लिये जाना जाता है वहाँ अपने देहात में साँझी के लिये मशहूर होता है । साँझी, देवी की प्रतीक है । वैसे तो साँझी की अलग-अलग कई कथायें हैं मगर हमारे देहात में इन कथाओं की गहराइयों में न जाकर इसे देवी मान कर इसे घर के आँगन की दीवार पर स्थापित किया जाता है । आसोज महीना लगते ही महिलाएँ चिक्कनी मिट्टी के सितारे बनाकर सुखा लेती हैं । अपने देहात में पहने जाने वाले जेवर भी बनाने का चलन है । उन्हें खड़िया में रंग लिया जाता है । कुछ जेवरों को गेरू से भी रंगा जाता है । फिर दीवार पर गोबर लगाकर इन सितारों को महिला की आकृति में जड़ दिया जाता है । आँखें बनाने के लिये कोड़ियों का इस्तेमाल किया जाता है तथा होंठों पर थोड़ा गेरू लगा दिया जाता है । हाथों व पैरों में सारे जेवर पहने हुये दिखाये जाते हैं । यह काम खेत क्यार व पशुओं के चारे पानी से निबट कर शाम के समय ही थोड़ा-थोड़ा किया जाता है । एक तो इतना समय नहीं होता कि पूरी आकृति एक ही दिन में बना ली जाये और दूसरे थोड़ा-थोड़ा कई दिनों तक बनाने से गोबर सूख कर मजबूत होता रहता है वरना मिट्टी के भार से गीला गोबर गिर जाता है । इस देवी की आकृति पूरी हो जाने के बाद इस के साथ में एक छोटा बच्चा भी बनाया जाता है । वैसे बाद में साँझी का भाई भी बनाया जाता है । मगर आसोज माह की अमावस को यह काम पूरा होना चाहिये । आस-पड़ोस में कौन सबसे सुंदर साँझी बनाती है इसका भी मुकाबला-सा रहता है ।

फिर दस दिनों तक महिलाएँ शाम को इकट्ठी होकर उसकी आरती

उतारती हैं और साँझी के गाने गाती हैं । पहले हमारी बहुत सारी औरतों को तो यह भी पता नहीं था कि साँझी क्यों बनाई जाती है बस छोटी उम्र से घर में साँझी बनती देखती आई हैं इसलिये साँझी बनाई ही जाती है । कुछ बड़ी बूढ़ी साँझी की कहानी भी सुनाती हैं ।

दशहरे वाले दिन इस साँझी को खुरपे से खुरच कर उतार दिया जाता है और सूर्य छिपने के बाद साँझ को इसे गाँव के जोहड़ में बहा दिया जाता है । महिलाएँ इकट्ठी होकर गीत गाती हुई जोहड़ पर जाती हैं । एक सुराखों वाली हाँडी में थोड़े से साँझी के टुकड़े रखकर उनके ऊपर दीया जला कर जल में बहा दिया जाता है । जब वे हाँडियाँ जोहड़ के बीच में पहुँच जाती हैं तब गाँव के कुछ शरारती लड़के जोहड़ में कूद कर लाठी से उन हाँडियों को तोड़ भी देते हैं । शायद यह कृष्ण द्वारा गोपियों की मटकी फोड़ने की नकल है । अब कुछ सालों से हरियाणवी संस्कृति को पनपाने के लिये जिला स्तर पर साँझी के मुकाबले भी होते हैं और अव्वल आने वाली को पुरस्कार भी दिया जाता है । फिर भी हमारी बहन-बेटियों के लिये अपना हुनर दिखाने का अच्छा साधन है साँझी । मगर आधुनिकता तो हमें और ही कहीं दूर ले जा रही है, इतनी दूर कि जहाँ से वापिस आना बहुत कठिन लगता है ।

दशहरा

रामायण की कथा में लंका का राजा रावण, अयोध्या के राजा रामचन्द्र, जो अपने पिता के निर्देश के मुताबिक 14 वर्षों का बनवास काट रहा था, की पत्नी सीता को हर ले गया था । राजा सुग्रीव के दूत हनुमान ने लंका में जाकर सीता को ढूँढ़ लिया था । राजा सुग्रीव की सेना की सहायता से रामचन्द्र ने लंका पर आक्रमण करके रावण पर विजय पा ली और सीता को प्राप्त कर लिया । इस खुशी में आसोज के उतरते की दसमी को दशहरा त्योहार मानाया जाता है । ये वीरों का त्योहार समझा जाता है । रामायण की इस कथा का दस दिनों तक मंचन होता है जिसे रामलीला कहा जाता है । ज्यादातर गाँव में तो वहीं के लड़के रामलीला करते हैं और कुछ गाँव में मुथरा जिले से रामलीला करने वाले आते हैं । इन नाटकों में सीता किसी लड़के को ही

बनाया जाता है । गाँव की चौपाल के बाहर या दूसरी किसी खुली जगह पर, तखत बिछा कर, आगे पर्दा लगा दिया जाता है । पर्दे की ओट में निर्देशक धीमी आवाज में संवाद बोल कर सभी कलाकारों को अपना-अपना रोल समझाता रहता है । गाँव के बच्चे स्टेज के पास बैठते हैं और बाकी नर-नारी उनके पीछे बैठकर इस राम की लीला का भरपूर आनन्द लेते हैं । इस काम के लिये गाँव से ही घर-घर जाकर चन्दा उगाहा जाता है । रामलीला शुरू होने से पहले बच्चे हनुमान, राम, लक्ष्मण आदि के मखौटे लगाकर खूब खेलते हैं । तीर कमठे भी खेल में पूरा योगदान करते हैं पहले तो घर के बड़े ही ये तीर कमठे बनाकर बच्चों को खेलने के लिये दे दिया करते मगर बाद में लोगों के पास नकद रुपया हो जाने के कारण शहर से बने बनाये चमकदार तीर कमठे खरीद कर लाये जाने लगे हैं । औरतें एक तरफ अपना-अपना पीढा बिछाकर रामलीला देखती हैं और सीता का रोल करने वाले लड़के के पैर भी पुचकारती हैं ।

कुछ ऐसे भी गाँव होते हैं जहाँ रामलीला नहीं होती । वहाँ के वासी विशेष कर लड़के या तो साथ वाले गाँव में जा कर रामलीला देखते हैं और यदि शहर नजदीक हो तो वहाँ जाकर रामलीला देख कर न जाने वालों पर रोब दिखाते हैं ।

आसोज की शुक्ल पक्ष की पीड़वा को लड़कियाँ अपने-अपने घरों में जौं बोती हैं । उनमें रोजाना पानी डाला जाता है । दशहरा वाले दिन उन्हें उखाड़ कर भाइयों की चोटी पर रखा जाता है । इसे नौरते धरना कहा जाता है ।

कोई भी त्योहार हो उसकी विशेषता यह होती है कि उस दिन और दिनों से अच्छा भोजन खाया जाता है । क्योंकि हरियाणा में हर परिवार में दूधारू पशु होता था इसलिये खीर बनाना ही उत्तम भोजन समझा जाता रहा है । बाद में कुछ लोग हलवे को बना कर बड़प्पन दिखाने लगे हैं । दशहरा वाले दिन शाम को त्योहार मनता है - यानी अच्छा भोजन शाम का होता है- कई त्योहारों पर अच्छे भोजन दिन के समय मनाये जाते हैं, जैसे सक्रान्त, तीज, सलूमण आदि ।

हाँ, दशहरा यह बता देता है कि बस दीवाली आई ।

●

दीवाली

रामायण की कथा के अनुसार अयोध्या का राजा राम, लंका के राजा रावण से अपनी पत्नी सीता को छुड़ाकर और अपने बाप दशरथ द्वारा दिये गये 14 सालों के बनावस को काटकर अयोध्या नगरी को जिस दिन वापिस आया था उस दिन नगरी वासियों ने बड़ी खुशी मनाई थी । इसी खुशी को हर वर्ष कार्तिक माह की अमावस को मनाया जाता है । इसी खुशी का नाम दीवाली है । जब भी कोई बड़ा आदमी आता है या कोई भी खुशी का मौका होता है तो पूरे घर की सफाई कर के उसे चमकाया जाता है । दीपक अँधकार को दूर भगाकर उजीयारा देता है । बहुत सारे दीपक बहुत सारा उजीयारा देते हैं । यदि उन बहुत सारे दीपकों को पंक्तियों में रख दिया जावे तो उनकी शोभा दोगुणी हो जाती है । इन पंक्तियों में रखे गए दीपकों के कारण ही इस त्योहार का नाम दीपावली पड़ा था जो कहने की सुविधा के कारण दीवाली बन गया ।

दीवाली से कोई दस दिन पहले लोग अपने घरों की सफाई करके, लीप–पोत कर पूरा सुन्दर बनाने में जुट जाते हैं । हमारे गाँव में घर कच्चे होते थे । यदि दीवारें पक्की ईंटों की भी हों तो फर्श तो कच्चे ही होते थे । इस फर्श को गोबर से लीपा जाता था । झोंपड़ी वाली भी अपनी झोंपड़ी को लीप कर इस पर गेरू से चीतण निकालती है ताकि सुन्दर दिखाई दे और सुन्दर दिखाई देता भी है । सफेदी का जब चलन नहीं था तब खड़िया मिट्टी से घरों को पोत लिया जाता था और चौखट व दरवाजों को सरसों का तेल लगा दिया जाता है ।

यह त्योहार भी शाम का ही होता है । अपने-अपने घरों की मुँडेरों पर दीये जला कर रख दिये जाते हैं । इस दिन तो खीर बनती ही है । लड़के खीर खाकर कई दिनों पहले से सरसों के तेल में भिगोये बिनोलों को हीडो में रख कर और उसे जलाकर एक डंडे में टाँग लेते हैं । यह एक मशाल बन जाती है । कई लड़के इकट्ठे होकर घर-घर जाते हैं और कहते हैं –'आई दीवाली हीड़ो' । घर वाले सबकी हीड़ों में थोड़ा-थोड़ा तेल डाल देते हैं । यह जाने अनजाने में मशालों का जुलूस बन जाता है । नीचे गली में ये जुलूस और ऊपर मुँडेरों पर मन्द-मन्द हवा में लहराते मुस्कराते दीये जो छटा बखरेते हैं उसका वर्णन करना कठिन है ।

कृषि प्रधान प्रान्त में तो पशुधन का बड़ा महत्त्व होता है । पहले बैलों के वास्ते भी नये पाल बनवाये जाते थे । हर गाय को गाडली बनाकर बाँधा जाता है । गेरू से भी निशान लगाकर उन्हें सजाया जाता है । मोरों के पंख इकट्ठे करके अपने-अपने पशुओं के लिये गाडली पहले ही तैयार कर ली जाती हैं । शाम को हर पशु की आरती उतारी जाती है । जहाँ ईख की खेती होती है वहाँ खेत से पाँच गन्डे लाये जाते हैं जिसे पंचगन्डा बोला जाता है । इस पंचगन्डे की भी पूजा होती है । दूध बिलौने वाली रई की भी पूजा की जाती है । अगले दिन पशुओं के गोबर की भी पूजा की जाती है जिसे गोबरध न पूजना कहा जाता है ।

धानों की खील व खाँड से बने खिलौने भी खाये जाते हैं । अगले दिन सुबह सभी के पशुओं को सजाधजा देखकर सजावट का मुकाबला सा भी करते हैं । अच्छे काम की तारीफ की जाती है । यह त्योहार सदियों से चला आ रहा है और आधुनिकता इसका खुशी का रूप बदल कर कोरे दिखावे का रूप देने पर तुली है । व्यापारी लोग रात को लक्ष्मी पूजन भी करते हैं ।

●

सक्राँत अर्थात् बड़ों को मनाना

हमारे यहाँ पक्का विश्वास रहा है कि अपने बुजुर्गों के आशीर्वाद के बिना जीवन में सफलता तथा खुशी नहीं मिल सकती । इसीलिये अपने बड़ों की सेवा व सम्मान करना अपनी संस्कृति का केन्द्र बिन्दु रहा है । इसी बात को ध्यान में रख कर वर्ष में एक ऐसा दिन तय किया गया है जब हम अपने बड़ों को श्रद्धा के तौर पर पूजते हैं ।

एक त्योहार आता है सक्राँत । इस त्योहार पर बहू अपने सास-ससुर, दादस-दादसरा, ताईस-ताईसरा, पीतस-पीतसरा, जेठ-जेठानी को बारी-बारी से मनाती है । यहाँ मनाने का अर्थ होता है कि श्रद्धापूर्वक चरण छूकर कुछ भेंट करना । वैसे इस मनाना शब्द के पीछे धारणा यह रही होगी कि पूरे साल भर, हो सकता है बहू से अपने इन बड़ों की शान में कुछ कड़वा बोला गया हो या किसी कारण से उनके मन को बहू के व्यवहार से, कोई ठेस लगी हो और वे मन ही मन बहू से रूठे हों तो इस दिन अपनी भूल स्वीकार करके उन्हें मना लिया जाये ।

वैसे अपने प्रान्त में पहली सक्राँत पर बहू के पीहर से परिवार के सभी बड़ों को भेंट करने के लिए वस्त्र आते हैं । आमतौर पर पुरुषों के लिये कम्बल व महिलाओं के लिये तील आया करती थी मगर अब तील की जगह सूट आने लग गया । कुछ लोग महिलाओं को शाल भेंट करने के लिये भेजते हैं । पहले पुरुषों को कुर्ता व धोती दे दी जाती थी । अब कुछ पुरुष पतलून पहनने लग गये हैं तो वस्त्रों में भी बदलाव आ गया है । वैसे पहली बार तो सबके वस्त्र एक ही प्रकार के होते थे ताकि दुभाँत का इल्जाम न लगे ।

फिर आने वाली सक्राँतों पर बहू अपने आप तय करती है कि उसने किसे मनाना है । जिसे भी मनाना हो उसे एक दिन पहले बता दिया जाता है । वो व्यक्ति ऐसी जगह जा बैठता है जहाँ पाँच-दस आदमी इकट्ठे बैठा करते हों । महिला भी चार औरतों में जाकर बातें करने लग जाती है । बाद दोपहर, अपने खेत-क्यार के कामों से निबट कर, बहू पराँत में वस्त्र व कुछ मिठाई रख कर आस-पड़ोस की महिलाओं के साथ, गीत गाती मनने वाले के पास जाती है । जिन आदमियों या औरतों में मनने वाला या मनने वाली बैठे होते हैं वे भी समझ जाते हैं कि इसे मनाने के लिये बहू आ रही है । कुछ बहुएँ तो बाजा बजवाते हुये भी आती हैं । वहाँ पहुँच कर बहू अपने बुजुर्ग के पैर छूती है और पराँत में रखे वस्त्र उसे भेंट करती है । जो मीठी चीज लड्डू, पतासे आदि साथ लाती है वे सभी में बाँट दिये जाते हैं । जब बहू चरण छूती है तब बुजुर्ग उसके सिर पर हाथ रखकर उसे आशीर्वाद देता है । आशीर्वाद देते समय मनने वाले का मन पसीज जाता है और बहू के सारे अवगुण भूल कर उसे श्रेष्ठ मान लेता है ।

हमारे ऋषियों-मुनियों ने कितनी सूझ-बूझ के साथ यह रिवाज़ बनाया था कि सारे साल की कड़वाहट छण भर में जाती रहती है । यह बुज़ुर्गों की श्रद्धा का प्रतीक रिवाज़ आधुनिकता की चपेट में न आये, इसकी कामना करनी चाहिये ।

●

तीजों की झूल

ऋतु व मौसम, दो बातें हमारे रिवाज़ों पर हावी रही हैं । एक महीना आता है सावन । सावन वर्षा ऋतु का महीना होता है । पहले बसाख व जेठ की गर्मी पड़ती है । फिर असाढ़ का महीना वर्षा लेकर आता है । किसान अपनी सावनी की फसल बोने में लगे रहते हैं । मगर सावन का महीना ऐसा होता है जिस में खेती-बाड़ी के काम बहुत ही कम होते हैं । असल में तो वर्षा बहुत ज्यादा होने से खेती कार्य न के बराबर होते हैं । जब ऋतु मनमोहक हो और फुर्सत भी हो और पपीहा अपना राग अलाप रहा हो और बादल गर्जन के साथ मोर पंख फैला कर नाच रहा हो तो मानव मन भी खुशी से झूम उठता है ।

सावन लगा नहीं छोटे बच्चे तो पेड़ों में झूला डालकर रोजाना झूलते हैं । झूले पर बैठकर गाना गाना इतना ही जरूरी है जितना भजन पर बैठकर भगवान को याद करना । 'मेरी पींग तले लाँडा मोर' गाकर छोटी-छोटी लड़कियाँ खूब आनन्द लेती हैं । जब पींग एक हो और झूलने वाले बच्चे कई हों तो बारी-बारी से झूलते हैं । अपनी बारी का इन्तजार करना कई बार सबर तोड़ देता है और आपस में पींग पर बैठने के लिये छीनाछपटी भी हो जाती है ।

सावन के महीने की उतरती तीज को तीज का त्योहार आता है । यह त्योहार तो झूला झूलने व गुलगले खाने का ही होता है । सबसे पहले और सबसे ऊँचे टहने पर अपनी झूल कौन डाले का मुकाबला सा होता है । पशुओं को चारापानी करके दोपहर सी को सारा गाँव झूलने निकल पड़ता है । घर

की बढ़ी स्याणी इस दिन गुलगले, पूड़े, खीर आदि बना कर वहीं ले आती है। गुलगले आज के पकौड़े ही समझ लो, बस उनमें कोई सब्जी नहीं भरी होती। गुलगले मीठे और नमकीन दोनों तरह के होते हैं। इस दिन एक तरह की पिकनिक होती है। सब वहीं पर गुलगले आदि खाते हैं और गाने गाकर झूलते हैं।

औरतें तो सभी झूलती हैं। मगर इस दिन तो मर्द भी झूलते हैं। कहते हैं कि जो नहीं झूलता उसके कान गल जाते हैं। इसी दिन सारे साल के गिले सिकवे भुला दिये जाते हैं। बस पींग पर बैठा कर एक दो झोटा दे दिया जाता है, सब कड़वास मीठास में बदल जाती है। बहुएँ सासुओं को झुलाती हैं और एक सहेली दूसरी को झुलाती है। इस दिन दो झूल इकट्ठी डाल कर दो दो महिलाएँ एक ही बार एक दूसरी में पैर उलझा कर झूलती हैं तथा दो जनी उनको झोटे दे कर झुलाती हैं। 'आया री सासड़ सावन मास, बाग झूलन हमें जान दे री' की ऊँची हूलार मन मोहक समा बाँध देती है।

कई गाँव में मोटी-मोटी दो रस्सियाँ (ला) एक बड़े मोटे टहने पर डाल कर उन पर दो चारपाइयाँ रखकर झूल बना ली जाती है। इस प्लेट फार्म पर 8-10 महिलाएँ बैठ जाती हैं। चारों कोनों पर चार जवान लड़के खड़े होकर उन्हें पींग बढ़ा कर झुलाते हैं। जब झूल पर बैठी और नीचे अपनी बारी का इन्तजार करती बाकी महिलाएँ 'ऊँटों ने चर लिया, हे माँ मेरी झोझरू री, आहंरी कोए भैसां ने चर लैइे दूब-बहुत जहेला हे माँ मेरी सासरा री' गाती हैं तो ऐसा लगता है कि साक्षात देवता वहाँ उतर आये है। मरवण के मार्मिक किस्से को जब गीत का रूप देकर गाया जाता है तब किसी भी जवान नारी के लिये अपने मन को काबू रखना मुशकिल हो जाता है।

हमारे जीवन में खुशी के बार-बार मौके आते थे हम सारे कड़वास को भूलकर मीठास में लिपट जाते थे, मगर टी.वी. ने तो हमें नकली रंग में रंग कर नीरस बना दिया है।

●

सिंधारा, कौथली एवं सीद्धा

हमारी संस्कृति में खुशी को बाँटना व मिलकर खाना एक ऐसा विशेष पहलु है जो हमारे जीवन का अभिन्न अंग बन गया है । हम इसे न जानते हुये भी इस पर चलते आये हैं । बेशक हम लड़की की शादी करके उसे अपने से दूर कर देते हैं मगर हमारा कोई भी ऐसा तीज-त्योहार नहीं होता है जिसमें हम उसे न केवल याद करते हैं बल्कि उसे यह अहसास दिलाते हैं कि उसकी जड़ अभी हरी है । हम हर त्योहार पर लड़की को भेंट स्वरूप कुछ न कुछ भेजते हैं जिसे हमने कई नामों से पुकारा है - सिंधारा, कोथली एवं सीद्धा आदि ।

जब लड़की की शादी होती है और तीज का त्योहार आने वाला होता है तो बेटी को ससुराल से अपने घर बुला लेते हैं यानी पहली तीज पीहर में मनाई जाती है । वैसे पहले छोटी उम्र में ही शादी कर दी जाती थी तो गौणा के बाद ही लड़की ससुराल जाती थी, इस लिये वह माँ-बाप के पास ही रहती थी । तीज के त्योहार के मौके पर ससुराल वाले उसके लिये भेंट भेजते हैं जिसे सिंधारा कहा गया है । फिर जब लड़की पहली तीज पर ससुराल में होती है तो माँ-बाप ऐसी ही भेंट उसे भेजते हैं । इस सिंधारे में झूलने के लिये पींग पाटड़ी - रंग-बिरंगी रस्सी तथा कसीदा कड़ी पाटड़ी के इलावा मिठाई, कपड़े, चूड़ियाँ, महेन्दी आदि होता है । पहले तो नाई ही इसे लेकर आया करता था । इस खुशी पर उसे दोहर, खैस या कम्बल मिलता था मगर बाद में माँ-बाप की तरफ से लड़की के भाई और ससुराल की तरफ से लड़की का जेठ सिंधारा लेकर आने लग गया । भाई तो लड़की की ससुराल से कुछ

ले नहीं सकते मगर जेठ को कम्बल व रुपये देने का चलन बन गया है । जब सिंधारा आता है तो लड़की फूली नहीं समाती है और सखियों को मिठाई खिलाकर और पींग पाटड़ी ले कर झूलने जाती है । बाकी मिठाई को आस-पड़ोस में बाँटा जाता है । इसे ही तो मिलकर खाना कहा जाता है ।

इसके अलावा हर त्योहार के मौके पर बेटी-बहन को कौथली भेजी जाती है । इस कौथली में पहले तो सुहालियाँ होती थीं मगर बाद में सुहालियों का झँझट छोड़कर मिठाई भेजने का चलन हो गया है । पहले पहले कई बार कुछ कपड़े व चूड़ियाँ भी साथ भेजे जाते थे । इस कौथली के लिये हर महिला बड़ी बेसबरी से इन्तजार करती है और इसे आजकल भाई ही ले कर आता है । पहले किसान को रिश्तेदारियों में जाने की फुर्सत नहीं होती थी इसलिये सारे गमीणे नाई ही किया करता था । मगर अब तो भाई ही कौथली ले कर आता है और इस तरह भाई का बहन की ससुराल आ कर भेंट देना बहन-भाई के प्यार को मजबूत करता है ।

त्योहार ऐसे भी आते हैं जिन पर बनी-बनाई खाने की चीजें न देकर सूखा सीद्धा ही दिया जाता है । ये हैं दीवाली व सक्राँत । इस लिये इन दोनों त्योहारों की बहन को भेजी भेंट को सीद्धा ही कहा जाने लगा । इस सिद्धे में चावल, आटा, बूरा, शक्कर व घी आदि भेजा जाता है ताकि बेटी या बहन उसका हलवा बनाकर खा ले और खाती खाती अपने पीहर के सारे परिवार को याद कर ले ।

मगर अफसोस तो इस बात का है कि हम आधुनिकता की अंधी दौड़ में अपने इन प्यार-प्रेम के धागों को तोड़ रहे हैं । अच्छा तो यही है कि यह बहन-भाई का प्यार फले-फूले ।

●

फागण खेलना

साल में दो महीने ऐसे आते हैं जो गर्मी व सर्दी का संगम होते हैं – कार्तिक व फागण । इन दोनों महीनों में न कठोर गर्मी होती है और न ही सर्दी । वर्षा भी इन महीनों में आराम करती है । इसलिये इन महीनों का मौसम आदर्श होता है । जहाँ कार्तिक में हम सर्दी से दो हाथ करने की तैयारी में रहते हैं वहाँ फागण में बसन्त ऋतु का स्वागत करने में लग कर खुशियाँ मनाने लग जाते हैं । एक बात बड़ी साफ है कि हमारी संस्कृति को पनपाने में महिलाओं का ही योगदान होता है । चाहे कोई त्योहार हो या कोई दूसरा आयोजन उसकी सृजन शक्ति महिला ही होती है । महिला में अपूर्व क्रियात्मक ऊर्जा होती है ।

फागन का महीना लगते ही ऐसा मौसम हो जाता है जो स्वयं ही हमारे भीतर उमंग व उल्लस भर देता है । हवा एक दम से सुहावनी तथा सुगंध भरी होती है । जब यह हवा मानव शरीर को छूती है तो यह शरीर भी स्फूर्ति से भरकर उछलने-सा लग जाता है । ऐसे वातावरण से वशीभूत होकर हमारी महिलाएँ रात को गाती व नाचती हैं । क्योंकि दिन में तो उन्हें अपने काम से फुर्सत नहीं होती है इसलिये वे शाम को खाने आदि से निबट कर मोहल्ले के किसी एक बगड़ में जुड़ जाती हैं । पहले कुछ हँसी मखौल होते हैं फिर एक दूसरी पर मजाकिया बाण चलाती हैं और फिर एक दो गाना गाया जाता है । जब आने वाली सभी आ जाती हैं तो गाना, शरीर की नकेल निकाल कर दूर रख देता है । फिर शरीर बेकाबू हो जाता है । सभी मिल कर गाने की सुर-ताल पर उछलने लगती हैं । ज्यों-ज्यों गाने की आवाज ऊपर उठती है

त्यों–त्यों महिलाओं की एड़ियाँ धरती को दलकाती हैं और गाने का अन्त ही धरती की सुध लेता है । फिर दूसरी कोई महिला अपने मन चाहे गाने का सुर उठाती है और सभी महिलाओं के गले और एड़ियाँ अपने सारे बंधन तोड़कर धरती को ही तोड़ कर रख देते हैं । हर रोज बेचारी धरती जब तक एक अंगुल नीचे न हो जाये तब तक महिलाओं का नाचना चालू रहता है । कहते हैं इस महीने में तो बूढ़ी औरतें भी अपनी जवानी के दिन याद करके उन्हें दोबारा से आ जाने की कामना करती हैं । हाँ वे एड़ियों से तो धरती की ऐंठ नहीं निकाल सकती हैं मगर बैठे–बैठे ही नाचती गाती बहू–बेटियों को देखकर अपनी गर्दन हिला–हिला कर अपने मन की भड़ास जरूर निकाल लेती हैं । तभी तो महिलाएँ गाती हैं–'बूढ़ी लुगाई मस्ताई फागन में, काची कली गदराई फागण में ।' हमारी नई–नई ब्याही बेटियों का मनपसंद गाना होता है – 'कहैए री उस सुसर म्हारे नै, बिन खाली ले जा फागन में ।' फागण के आखिरी दिनों में तो महिलाएँ फ्राँस की टहनियाँ शरीर पर बाँध कर रीछ बनकर नाचती हैं–बीन ले कर सपेरा बनती हैं और कई दूसरे साँग भरती हैं । दो टोलियाँ बान कर 'मैं तो आँगली के दर्द न मारै–तेरी कौन करेगा खेती क्यारी', सवाल जवाब के रूप में गाया जाता है । यह नाचना गाना आधी रात तक चलता है या एक दो सासुएँ 'बच्चा दूध पीए बिना रो रहा है' की शिकायत बहुओं को न करलें, तब तक चलता है ।

बृज से लगते हमारे क्षेत्र पलवल व होडल में तो मर्द भी नाचते गाते हैं । राजस्थान से लगते कुछ जिलों में भी मर्द रात को गाते हैं ।

असल में हमारी तो संस्कृति ही उमँग प्रधान रही है – खुशी मनाने को बहाना ढूँढ़ते थे हम मगर आज घर–घर टी.वी. आ जाने से असल खुशी गायब व नकली खुशी में जीने लगे हैं हमारे लोग–लुगाई

●

फाग खेलना व होली जलाना

फागण का महीना बड़ी मस्ती का होता है । क्योंकि इस महीने में सर्दी तो चली जाती है और गर्मी दूर रहती है, इसलिये मौसम बड़ा सुहावना होता है। बसन्त ऋतु आने को होती है । इसलिये हवा एकदम से मतवाली होती है। इसी कारण से मानव मन व शरीर मस्ती से अँगड़ाई लेता है । यह अँगड़ाई देवर-भाभी की नकेल को ढीली कर देती है । बाद दोपहर पशुओं का चारापानी करने के बाद आस पड़ोस की भाभियाँ व देवर एक खुले से बगड़ में इकट्ठे हो जाते हैं । भाभियों के हाथों में कपड़े से बनाया हुआ एक कोलड़ा होता है । कुछ जगह रस्सी का भी होता है और देवरों के हाथों कोई डण्डा या छोटी लाठी होती है । भाभी कोलडे से देवर की खूब खबर लेने की कोशिश करती है और देवर अपने शरीर पर कोलड़ा न लगने देने के लिये उछलकूद करता है और डण्डे या लाठी को ढाल बना लेता है । भाभी की वाह-वाह इस बात में समझी जाती है कि इतनी मार-मारे कि देवर मैदान छोड़कर भाग जाये और देवर की बड़ाई इस बात में होती है कि भाभी कोलड़ा मारते-मारते इतनी थक जाये कि वो खुद ही अपने घर का रास्ता ले ले ।

इस सारे खेल को फाग खेलना कहा जाता है । फाग-फागुण को ही छोटा कह कर बोला जाता है । इस फाग खेलने को देखने के लिये बाकी के लोग-लुगाई घरों की छतों पर खड़े हो जाते हैं या छोटी दीवारों पर बैठ कर इस का पूरा आनन्द लेते हैं । मौके के अनुसार देवर व भाभी को अपनी समझ के मुताबिक ऊँची आवाज में दावपेच भी बताते रहते हैं और खूब खिलखिला कर हँसते हैं । जो मजा खेलने वालों को आता है उस से भी ज्यादा

मजा देखने वालों को आता है । इस खेल के चक्कर में अपने जरूरी काम भी भूल जाते हैं । आधा फागण बीत जाने पर तो कई जगह यही खेल रात को भी खेला जाता है क्योंकि फागण की चाँदनी रात मुर्दों में भी जान डाल देती है ।

फागण की पूर्णमासी को होली का त्योहार मनाया जाता है । घरों को साफ सुथरा कर के त्योहार के लायक मुसकराने वाला बनाया जाता है । गाँव के बाहर सूखी लकड़ियों का ऊँचा ढेर लगा होता है । बाद दोपहर महिलायें इसकी पूजा करती हैं । इसी लकड़ियों के ढेर को ही होली कहा जाता है । पहले बनाये गोबर के खिलौने जिन्हें ढालबुरकले कहा जाता है, को भी होली में डाल दिया जाता है । सूरज छिपने के बाद सारा गाँव वहाँ आ जाता है । गाँव का बड़ी उम्र का व सातमासा व्यक्ति होली को आग लगाता है । गाँव के बाजा बजाने वाले इस जलते ढेर के गिर्द चक्कर लगाते हैं और बाकी लोग भी उनके पीछे–'होली भाज्जीजा पकडीयो लोगो'–बोलते बोलते चलते हैं । एक चक्कर तो छोटे बड़े सभी लगाते हैं । कई गाँव में होली को मंगलाने के बाद कुस्तियों का दँगल रूपता है । इस दंगल में भाग लेने के लिये लड़के कई महीने पहले से शरीर पर तेल मॉलिस करके व दंड–बैठक निकाल कर पूरी तैयारी करते हैं और दंगल के गिरद घूम कर अपनी जोड़ का कुस्ती लड़ने वाला ढूँढ़ते हैं । दंगल के बीच में खड़ा रैफरी दोनों का हाथ मिलवाता है और नाम बोलता है । अन्त में तो कोई बड़ा पहलवान सारे गाँव की छूट्टी बोल देता है । यह बड़ा रोचक मुकाबला होता है ।

अगले दिन होलिका दहन की खुशी में दुलहेंडी मनाई जाती है – यह फाग का बड़ा रूप होता है । इस दिन देवर भाभी पर और भाभी देवर पर रंग या पानी डाल कर खूब मोजमस्ती करते हैं । कोलड़ा खेल भी चलता है । इसी दिन तो बिना रंगे या पानी डाले शायद कोई रहता हो, ऐसा सूखा बच जाने वाले को निर्भाग कहा जाता है । यह दुलहेन्डी का त्योहार सभी त्योहारों में सब से ज्यादा उमँग व मस्ती का होता है । खुशी सबके चेहरों से टपकती है ।

मगर हम अपने असल रिवाज़ को श्रद्धाँजली देकर नकल की शरण में आते जा रहे हैं । मँहगे रंग व पिचकारियों के चक्कर में पड़ कर इस उमँग से तरबतर त्योहार को फूहड़पन में बदल रहे हैं ।

●

पोंहची , रखड़ी या राखी बाँधना एवं भैया दूज

हमारे सामाजिक चलन में बहन भाई का रिश्ता माँ–बाप के रिश्ते से दूसरे स्थान पर आता है । बहन व भाई एक ही उदर से पैदा होते हैं । वे साथ–साथ बड़े होते हैं । उनमें जो भी पहले पैदा होता है वो अपने से छोटे को खिलहाता भी है । बहन बड़ी होने पर उसकी शादी कर दी जाती है । वो परिवार से दूर चली जाती है । भाई बहन का इस तरह एक–दूसरे से दूर होना असहनीय होता है । मगर हमारे ऋषियों–मुनियों ने ऐसे रीति–रिवाज़ बना दिये थे जिनके बन्धन से यह प्यार पनपता रहे और सुसराल में रह रही बहन को लगे की पति के अलावा उसका अपना भी कोई और रक्षक है, वो रक्षक होता है भाई । इस सम्बंध को अटल रखने के लिये बहन बचपन से ही भाई के हाथ पर एक धागा बाँधती है । इसी धागे का नाम पोंहची (पहुँची), रखड़ी या रखी होता है । क्योंकि यह धागा भाई के पोंहचे (पहुँचे) पर बाँधा जाता है इसलिये इस धागे का नाम पहुँची पड़ गया । हाँ कुछ दूसरी जगहों पर इसे रखड़ी या राखी भी कह दिया जाता है । उस का अर्थ होता है रक्षा करने वाली और क्योंकि यह धागा रक्षा का सूचक है इसीलिये इसे राखी का नाम भी दे दिया जाता है ।

यों ही नहीं कि यह धागा कभी भी बाँध दिया जाता है इसके लिये एक दिन तय किया गया है और उसे त्योहार का रूप दे दिया गया है । इस त्योहार का नाम होता है सलूमण या रक्षा–बन्धन । सलूमण को कुछ लोग मुसलमानी नाम समझ कर इस त्योहार को सीधा रक्षा–बन्धन भी कह देते हैं । जब तक बहन अपने आप यह धागा बाँधने की उम्र की न हो जाये तब भी छोटी–सी

से ही भाई की कलाई पर यह धागा माँ, दादी या बूआ बंधवाना शुरु कर देती हैं और जब वो पाँच छः साल की हो जाती है तब अपने आप बाँध देती है और ताउम्र यह रिवाज़ निभाती है ।

पहले हमारे रिवाज़ों में दिखावा नहीं था वे यथार्थ पर आधारित थे । इसलिये मूल भाव तो भाई के हाथ पर धागा बाँधने का ही था । इसलिये सलूमण वाले दिन भाई नहा धो कर व नये कपड़े पहन कर एक आसन पर बैठ जाता है और बहन भी नहा धो कर व नये कपड़े धारण करके उसके सामने बिछे आसन पर बैठती है । उसके पास एक तसतरी या थाली में नाले का धागा, टीका करने के लिये रोली या हल्दी व मिठाई होती है । परिवार के सारे सदस्य वहाँ बैठ जाते हैं । बहन पहले भाई को टीका करती है और फिर धागा उसकी कलाई पर बाँध देती है । इसके बाद उसे मिठाई खिलाती है । भाई उसे भेंट स्वरूप कुछ रुपये देता है । पहले तो बहन को अपनी आर्थिक हालत के अनुसार भी उसे गाय, बैल या भैंस भी भेंट स्वरूप दे देता था । इसके बाद सभी उत्तम भोजन करते हैं । वैसे अपने इलाके में तो उस दिन शक्कर-चावल खाने का रिवाज़ था । जब बहन शादी के बाद ससुराल चली जाती है तब भी इस दिन भाइयों को पोंहची बाँधने आती है । भाई बहन बूढ़े होने तक इस रिवाज़ को निभाते हैं और मनोवैज्ञान्कि तौर से भाई के हाथ पर धागा बाँधा जाना भाई को अपनी बहन के प्रति अपना फर्ज याद दिलाता है और बहन को लगता है कि उसके पीछे भी उसका अपना कोई है । यही भावना ही पवित्र रिश्तों को आगे बढ़ाती है ।

मगर हम आधुनिक हो गये हैं । धागे का रूप महँगी राखियों ने ले लिया है और जब राखी महँगी होगी तो बहन को देने को भी बड़ी रकम या उपहार होगा । बस यही दिखावा इस पवित्र रिवाज़ को औपचारिता में बदल देता है। इसी कारण से कुछ भाइयों की कलाईयाँ उस दिन सूनी ही पड़ी रहती हैं । बाद में तो हमारे समाज की प्रथाओं में सरकारी दखल होने के बाद बहन-भाई का प्रेम भरा बन्धन कमजोर ही नहीं बल्कि कड़वास में भी बदल गया है।

दीवाली से दूसरे दिन भैया दूज को भी भाई बहन की ऐसी ही भावना का प्रदर्शन होता है । वैस हमारे देहात में यह रिवाज़ ज्यादा नहीं है – हाँ नगरों में भैया दूज जरूर मनाई जाती है । बहन भाई का प्यार से मिलना अच्छी बात है ।

●

माता धोकना या धोक मारना

माँ के बारे में कहा जाता है कि किसी बच्चे के बाप के बारे में शक की गुंजाईश हो सकती है मगर माँ तो तनिक भी शक से परे होती है । नौ महीने बच्चे को पेट में रखकर अपनी जानपर खेल कर भी उसकी रक्षा करती है । जब बच्चा गर्भ से बाहर आता है तब असह्य पीड़ा झेलती है । कहा जाता है कि बच्चे को पैदा करना माँ के लिये नया जीवन पाने समान होता है । पहले तो 100 माँओं में से 15 माएँ बच्चे को जन्म देते समय मर जाती थीं और अब भी 8 माँएँ मरती हैं । परन्तु बच्चा पैदा होने के थोड़ी देर बाद ही माँ अपने 9 महीने की तपस्या में हुई कठिनाइयाँ व पैदा करते समय की पीड़ा को भूल कर अपना सारा दिल आये शिशु पर उंडेल देती है । जी भर कर उसे चूमती है और अपनी छाती से चिपका लेती है । सर्दी के मौसम में माँ शिशु के पेशाब में भीगे बिस्तर को ही सेज समझकर कुत्ते वाली नींद लेती है । शिशु का जरा सा भी हिलना उसकी नींद को खोल देता है । यदि उसके शिशु को दूध पीने में थोड़ी सी भी कठिनाई आती है तो माँ बड़ी स्याणी महिलाओं से सलाह करती है । जरा सी सर्दी की शिकायत होने पर वैद्य हकीमों व डॉक्टरों के पास ले जाती है, चाहे उसकी आर्थिक परिस्थिति वहाँ ले जाने की भी न हो । बच्चा माँ के जीवन का केन्द्र बिन्दु होता है ।

पहले बच्चों में कई प्रकार की बीमारियाँ आ जाती थीं - खसरा निकलना, मोती झारा, छोटी माता व बड़ी माता निकल जाना आदि । हमारे हरियाणा में यह अंध विश्वास रहा है कि देवी के क्रोध से बच्चों में यह बिमारियाँ आती हैं । भला माँ यह बात कैसे बर्दाशत करे कि उसके बच्चे को

इस प्रकार की कोई बीमारी आ लगे । इसलिये वो झूठ-मूठ की फैलाई इस धारणा को सच मान लेती है । यदि आजकल की पढ़ी लिखी माँएँ इसे न भी मानें तो भी उनकी सास व माँ ऐसा वातावरण बना देती हैं कि ज्यादातर माँओं को इस अंध-विश्वास को मान कर निभाना पड़ता है ।

इस कल्पित देवी को खुश रखने के लिये माँएँ उसकी पूजा करती हैं । इसे हमारे हरियाणे में माता पूजना कहा जाता है । इस माता पूजने की विधि भी अपने-अपने क्षेत्र की भिन्न-भिन्न है और माताओं का वास भी भिन्न-भिन्न स्थानों पर होता है । कोई तो बेरी वाली की पूजा करती है, कोई गुड़गामे वाली की, कोई मनसा देवी को पूजती है तो कोई अपने ही गाँव में बनी छोटी-मोटी देवी को पूज कर अपनी मनोरथ को देवी के सम्मुख रखकर निश्चिंत सी हो जाती है । कोई आठम (आसुज शुक्ल 8वीं) कढ़ाई करती है तो कोई कुत्तों को बासूडा खिला कर भी अपनी कल्पित परेशानी से बचने का उपाय मानती है । फल मिठाई व मीठे पकवान ले कर देवी की आकृति के सामने रखकर थोड़ा झुककर हाथ जोड़ दिये जाते हैं । ऐसे हाथ जोड़ने को धोक मारना कहा जाता है और इस पूजा को माता धोकना भी कहा जाता है । आम चर्चा चलती है कि अमुक महिला अमुक माता को पूजने गई है । क्योंकि हमारे देहात की महिलाएँ अपने गाँव से दूर किसी जगह अकेली नहीं जाती थीं इसलिये उनके मर्द भी साथ जाते थे ।

समझा, यह जाता था कि शिक्षा का विकास हो जाने से हमारे प्रदेश में ये अंध विश्वास खत्म हो जायेंगे मगर खेद की बात तो यह है कि यह प्रथा तो और अधिक जोर पकड़ रही है । महऋषि दयानन्द के अनुयायी भी खड़े तमाशा देखते से लगते हैं और उनमें से ही कई परिवारों की महिलाएँ सजधज कर माता पूजने जाती हैं । यह पढ़ी-लिखी नारी भी इस सच्चाई से आँख बंद कर लेती है कि जिस माँ ने नौ महीने गर्भ में रख कर और पाल-पोषकर बच्चे को बड़ा किया है उस देवी से बड़ी और दूसरी देवी कौन हो सकती है । उसी देवी की सेवा, उसी का आदर व सम्मान ही सुख-शान्ति का खाजाना है ।

गोले एवं कूजे लाना

वैसे तो बहन और भाई का प्यार प्रकृति की अपनी देन है । इसलिये पृथ्वी पर बहन व भाई स्नेह लिप्त रहते हैं । परन्तु हमारे हरियाणा में तो यह प्यार अपने आप में मानव जीवन का अति महत्त्वपूर्ण अंग है । इसलिये दोनों के अन्तिम छणों तक यह प्यार उमड़ता रहता है । जब बहन छोटी–पाँच छः साल की होती है तब भी छोटे भाई को उठा कर फिरना इस बात को भलीभान्ति उजागर करता है । कुछ बड़ी होती है तो भाई को राखी बाँध कर उसके सुख की कामना करने लग जाती है । उधर भाई भी बहन की शादी में फेरों के समय बहन के सुखी जीवन की कामना वास्ते अग्नि में आहुति डालकर प्रार्थना करता है तथा सारे समाज के बीच भी बहन के प्रति अपने प्यार को दर्शाता है । फिर उसकी डोली के साथ ही उसकी ससुराल जाता है ताकि नई–नई दुल्हन बनी बहन को वहाँ कोई परेशानी न हो । फिर तो हर तीज त्योहार पर बहन को सिंधारा, सीधा व कौथली समय पर भेज कर बहन भाई के प्यार की डोर को मजबूत करता रहता है । जब बहन के बच्चों की शादी होती है तब छाती तान कर पाटड़े पर खड़ा हो जाता है और बहन इस शुभ अवसर पर घर आये भाई का दिल खोल कर स्वागत करती है । भाई बहन के प्यार में अपना मानसिक सन्तुलन खोकर आर्थिक बोझ तले दब कर भी पंचों के बीच बैठ कर भात के मौके पर पराँत को भर देता है ।

भला ऐसे अलौकिक रिश्ते में एक दूसरे को जरा–सा भी दुख कैसे बर्दाशत हो ? भाई को जरा सी भी खबर मिल जाये कि उसकी बहन को कोई तकलीफ है – शारीरिक व आर्थिक–तो वह जल्दी से जल्दी बहन के पास

जाता है और उस तकलीफ को, स्वयं तकलीफ उठा कर दूर करता है । इस प्रकार बहन को जरा सी भी आहट मिल जाये कि उस का भाई बीमार है तो अपने सारे जरूरी काम छोड़ कर भाई के पास भागी जाती है और उसकी तकलीफ को अपने प्यार से रफू-चक्कर कर आती है । सूखे नारियल की गिरी को अपने इलाके में गोला कहा जाता है । इससे बड़ा ताकतवर तेल निकलता है । इसलिये इसे ताकत का प्रतीक माना गया है । जैसे कुम्हार अपने चाक पर मिट्टी की सुराई बनाता है उसी आकार की सो हलवाई खाँड की भी बनाता है । इन्हें कूजे, कहा जाता है । यह कूजा खाँड का होने की वजह से मिठास-यानी प्यार, प्रेम, स्नेह का तो प्रतीक होता ही है, साथ में आकार के रूप से ढाल का प्रतीक माना गया है । जब गोला व कूजा दोनों इकट्ठे हो जायें तो ये प्यार, शक्ति तथा बचाव के प्रतीक बन जाते हैं । इन्हें देवताओं का प्रिय माना जाता है । कई बार पूरे क्षेत्र में एक सनसनी खेज अफवाह सी फैला दी जाती है कि देवता क्रोध में हैं इसलिये पुरुष वर्ग पर आफत आने वाली है । इसलिये उनके क्रोध से अपने भाई भतीजों को बचाने के लिये बहन व बुआएँ उनके लिये गोले, कूजे ले कर जायें । यह बात सुन कर बहनें व बुआएँ बाजार से गोले, कूजे खरीद कर अपने भाई भतीजों के पास जाती हैं और उन्हें एक-एक गोला व कूजा भेंट करती हैं । ऐसा करते ही समझ लिया जाता है कि आने वाली विपदा टल गई है । भाई भतीजे भी आई बहन व बूआ को कपड़े व फल मिठाई भेंट करके अपना कत्तर्व्य निभाते हैं ।

वैसे यह कोरी अफवाह ही फैलाई होती है । मगर बहन भाई के प्यार को तो नापने का यह बड़ा उचित ढंग है । जिन भाइयों की बहन नहीं होतीं या किसी कारणवश गोले, कूजे नहीं लातीं तो क्या उनको आफत आती है ? ऐसा शायद ही होता हो । मगर बहन, यह कभी बर्दाशत नहीं करती कि उसके भाई को किसी प्रकार की आफत आये । इसलिये उस अफवाह से भी वो चौकन्नी होकर भाई पर आने वाली आफत को टालने की भरपूर कोशिश करती है । मगर समाज में फैली आपाधापी व सरकारी कानूनों ने बहन भाई के पवित्र प्यार पर भी कुठाराघात कर दिया है जोकि हमारे सुखी जीवन में सूल का काम करता है ।

●

आधी रात का बरत

हम व्रत को बरत कहते हैं और व्रत का अर्थ होता है बँद करना । अन्न व जल का व्रत, मोन व्रत, किसी बुराई का व्रत आदि । हम अन्न व जल के त्याग को ही बरत कहते हैं । आधी रात का बरत का मतलब सीधा है, जो बरत आधी रात होने तक किया जाये । यह बरत हमारे हरियाणे में सब बरतों से महान समझा जाता है । श्रीकृष्ण का जन्म आधी रात को हुआ था । उनके जन्म दिन पर यह बरत रखा जाता है । उतरते भादवे माह की आठम वाले दिन यह बरत रखा जाता है । हमारे देहात की लगभग सारी महिलाएँ इस बरत को रखती हैं तथा शहरों में भी बहुत सारी औरतें इस दिन बरत रखती हैं । कई परिवारों में तो इस बरत को पुरुष भी रखते हैं । ब्राह्मण, पंडे, पुजारी तथा साधु महात्मा भी इस बरत को बड़ा महत्त्व देते हैं तथा बड़ी श्रद्धा से इसे निभाते हैं ।

इस बरत के आने से कोई 10-15 दिन पहले ही इस की चर्चा शुरु को जाती है, कितने दिन रह गये बरत के, कौन से बार को पड़ेगा आधी रात का बरत, रामजी पता नहीं उस दिन इतनी ही तपस गेरेगा या बून्दें गेर कर ठंड करेगा । बरतियों पर तो रामजी ने कृपा करनी चाहिये । घेवर खाने का अच्छा मौका होता है । ये आधी रात का बरत - बड़ा कष्ट वाला और असहनीय होता है । ये बरत, इसे सही निभाना हर किसी के बसका नहीं, आदि बातें सुनने को मिलती हैं । भादवे महीने की धूप बड़ी मशहूर होती है । कहावत है - या तो मारे साझे का काम या मारे भादेवे का घाम । चिलचलाती धूप व चोमासे की हूमस इन दिनों को असहनीय बना देती

हैं । फिर 30 घंटे भूखा रहना बड़ा कठिन काम होता है । परन्तु मनोविज्ञान एक ऐसा मंत्र होता है कि यह कठिन काम को भी कठिन लगने नहीं देता । धारणा यह है कि इस दिन रखा बरत पुण्य कमाना होता है । हमारी बहुत सारी महिलाओं को तो यह भी भान नहीं होता कि इस दिन श्रीकृष्ण का जन्म हुआ था । बस एक प्रथा है जो सदियों से चली आ रही है और इस का पालन करने से पुण्य के भागी बन जाते हैं ।

कृषि का काम बड़ा कठिन होता है और इन दिनों धूप भी सितमगर होती है इसलिये आधी रात तक बिना खाये पीये रहना हेज्जा को बुलावा देना है । इस वास्ते सुबह-सवेरे कुछ खा लिया जाता है । देहात में इन दिनों मटके पर सीमीयाँ बनाने का चलन-सा है । इसलिये इस खाने में सीमीयाँ पका कर खा ली जाती हैं । यदि सीमीयाँ न हों तो घर की मुखिया महिला कुछ दूसरा विशेष पकवान तैयार कर के सब को खिला देती है ताकि खाली पेट सारा दिन गर्मी में न रहा जाये और काम करने में भी ज्यादा कठिनाई न आये । कुछ छोटी उम्र के लड़के-लड़कियाँ भी बरत रखने की जिद कर लेते हैं । उन्हें तो सुबह पेट भर के खिला दिया जाता है । इस उम्र में अपने ऊपर संयम भी नहीं होता इसलिये दोपहर को ही भूख उन्हें तंग करने लग जाती है । इस स्थिति का भी प्रबंध कर लिया जाता है । हमारे देहात में रोटियों को बिल्ली व कुत्तों आदि से बचाने के लिये एक छोटी टोकरी, जिसे बोहीया कहा जाता है, में रख कर कोई पाँच छः फुट ऊँचे रस्सी के बने छींके पर लटका दिया जाता है । जिस बच्चे को बरत के समय में भूख ज्यादा सताए तो उसे इस छींके के नीचे बैठाकर खाने को दे दिया जाता है । ऐसा करने में बरत टूटना नहीं समझा जाता है ।

शाम को कोई 5 बजे सी पानी पी लने का चलन भी है । कुछ महिलायें पानी पीने के बाद मंदी-सी आवाज में श्रीकृष्ण सम्बन्धी बने भजन भी गा लेती हैं । यदि गाँव में कोई मन्दिर हो तो वहाँ जा कर थोड़ी पूजा भी कर ली जाती है । फिर तो आधी रात को चाँद निकलने की बाट देखते व किस्से कहानियाँ सुनते, सुनाते समय बिताया जाता है । चाँद निकल आने पर बरत खोला जाता है । वैसे तो गर्मी के कारण स्नान करके ही बरत खुलता है । हाथ मुँह तो धोए ही जाते हैं । शहर से आया घेवर मनपसंद पदार्थ बन गया है । दुकानदार इस दिन बड़ी मिकदार में घेवर बेचते हैं । कुछ महिलाएँ घर

पर शक्करपारे, गुजीया व बेसन की बर्फी आदि बना लेती हैं और उन्हें खाकर बरत खोल लिया जाता है। कुछ ब्राह्मण पुजारी आदि चरणामृत भी बना कर अपने यजमानों को बरत खोलने के लिये देते हैं।

नगरों में तो मंदिरों को सजा कर कृष्ण लीला की झाँकियाँ भी बना ली जाती हैं। बरती जन अपने समय को बिताने हेतु यहाँ आते हैं और भक्ति भाव कम तथा मनोरंजन अधिक प्राप्त करके श्रीकृष्ण भगवान की जय-जयकार करके पुण्य के भागी बन जाते हैं।

●

करवा चौथ का व्रत

नारी तो तप व तपस्या की मूरत होती है । शादी से पहले माँ-बाप के घर रहकर उनकी इज्जत को बनाए रखने के लिये अपने मन पर कितने पत्थर रखती है । शादी हो जाने के बाद ससुराल की इज्जत की रखवाली बन जाती है । क्योंकि भारतीय नारी को ऐसे संस्कार मिलते हैं कि वो पति को परमेश्वर समझे, इसलिये वह पति की सुख-शान्ति व लम्बी आयु की कामना के लिये अनेक उपाय तथा व्रत आदि करती है । हमारी बड़ी-बूढ़ी भी जब बहू को आशीर्वाद देती है तो कहती है 'बूढ सुहागण' हो - यानी तेरा पति तेरे बूढ़ापे तक रहे । इस बूढ़ सुहागण रहने के लिये भी पत्नी देवी-देवताओं से मिन्नत माँगती है । पति की लम्बी आयु की प्रार्थना करती है । इस मिन्नत व प्रार्थना में सबसे पहला स्थान करवा चौथ के व्रत का आता है ।

हमारे हरियाणा में हर ब्याही महिला लगते कार्तिक की चौथ को व्रत रखती है जिसे करवा-चौथ का व्रत कहा जाता है । इस व्रत का नाम साफ है - चौथ वाले दिन करवा - अर्थात पति के लिये किया गया व्रत । इस व्रत की चर्चा कोई 15 दिन पहले से शुरू हो जाती है । हमारे देहात की ज्यादातर महिलाओं को इस तिथि का ज्ञान नहीं होता है इसलिये वे या तो किसी बड़ी स्याणी औरत से या किसी छोटे-मोटे मन्दिर के पुजारी आदि से 'व्रत कद का सै' पूछती हैं । यह व्रत बड़ा कष्टदायी समझा जाता है । हमारी महिलाओं को तो खेत क्यार के कठिन मेहनत के काम भी करने पड़ते हैं । वे छुट्टी लेकर उस दिन घर नहीं बैठ सकती हैं । इसलिये एक तो कठिन काम करना और दूसरे सारा दिन बिना भोजन के रहना, वो भी रात को चाँद निकलने तक,

इस व्रत को बड़ा कठिन बना देता है । इसलिये इस व्रत के लिये एक प्रथा बन गई है कि प्रात: चार बजे सी थोड़ा बहुत खा लिया जाता है । घर की मुखिया महिला, सास आदि घर की सभी महिलाओं के लिये प्रात: खाने के लिये कोई विशेष व्यंजन बनाती है और सब को इकट्ठा बैठा कर खिलाती है । रिवाज़ तो इस कलेवा को नहा कर करने का है । पहले हमारे देहात में महिलाएँ आटा पीसने के लिये चक्की बड़े सवेरे चलाती थीं इसलिये यह कलेवा पहर का तडका रहते करने का रिवाज़ रहा था । कलेवा होने के बाद वे अपने सामान्य काम में लगी रहती हैं । बाद दोपहर वे अपने साफ सुथरे वस्त्र व गहने पहन कर मोहल्ले में एक स्थान पर इकट्ठी होती हैं । आमतौर पर ब्याह के समय पहने गए कपड़े पहनने का भी रिवाज़ है । वहाँ पर कोई ब्राह्मणी करवा चौथ की कथा सुनाती है जिसे कहानी कहना कहा जाता है । इस कथा को सुनने के बाद महिलाएँ इस ब्राह्मणी को घर से ले जाया गया अनाज दे देती हैं । अब पैसे देने का चलन भी हो गया है । इस पर ब्राह्मणी कहती है – 'कह दी कहानी, पी लो पानी ।' महिलाएँ अपने-अपने घर जा कर पानी पीती हैं और फिर चाँद निकलने का इन्तजार करती हैं । यह इन्तजार ही बड़ा कठिन होता है । काम में लगे व्यक्ति का तो समय बीत जाता है परन्तु इन्तजार वाला समय बिताना थोड़ा मुशकिल सा हो जाता है । बार-बार छत पर जाकर चाँद निकला या नहीं, देखा जाता है । चाँद निकलने पर एक पड़ोसन दूसरी पड़ोसन को आवाज लगाकर बताती है – 'ए निकलाया चाँद' । फिर चाँद की धोक मारती हैं । कई तो चाँद को छालणी से देखती हैं । चाँद देखने के बाद अपनी सास या सास न हो तो रिश्ते में किसी भी बड़ी महिला को तील देती हैं और उसके पैर छूती हैं । वो महिला उसे आशीर्वाद देती है – 'बूढ़ सुहागण हो ।' फिर भोजन करती हैं ।

यह व्रत आदि हमारे ऋषियों-मुनियों ने हमारे शरीर व आचार-विचार को ठीक रहने के लिये बनाये थे । मगर हम इनमें औपचारिकता बरतने लग गये हैं । अच्छा यही है कि हम इनकी सार्थकता बनाये रखें, ताकि परिवार में सुख-शान्ति बनी रहे, जो समृद्धि के लिये बड़ी अवश्यक है ।

●

होई (अहोई) का व्रत

लड़की हो या लड़का, माँ ने तो उसे अपने गर्भ में नौ महीने ही रखना पड़ता है । पैदा होते समय उतनी ही पीड़ा सहन करती है । फिर पालने-पोषने में भी उसी तरह परेशानी उठानी पड़ती है । फिर भी लड़के का मोह हमारा समाज ज्यादा ही करता है । स्वयं जब माँ जो पहले लड़की होती है, लड़के व लड़की में भेद रखे तो यह एक पहेली ही है । इस का मोटा कारण है कि लड़के से वंश बेल चलती है और लड़की पराया धन होता है । पहले तो लड़का पैदा होने की इच्छा होती है । लड़का पैदा न होने पर तरह-तरह के टोने टोटके, वैद्य हकीम तथा डॉक्टर की शरण में जाया जाता है । लड़का पैदा होने पर खुशी मनाई जाती है - थाली बजा कर तो शिशु का स्वागत किया जाता है । फिर रपैया, पोतड़ा, दसूटण, छूछक आदि रिवाज़ बरते जाते हैं । अब तो हर वर्ष जन्म दिन मनाने की प्रथा भी चल पड़ी है ।

फिर भी माँ का पेट नहीं भरता । उसे लड़के की सेहत की फिक्र रहती है । लड़की के मुकाबले लड़के को अच्छा खिलाया-पिलाया जाता है और अच्छी तरह उसकी पढ़ाई-लिखाई का ध्यान रखा जाता है । सब से बड़ी बात तो यह है कि माँ का कहीं न कहीं मन में छिपा भय सताता रहता है - कभी बेटे को कुछ हो न जाये । इस भय के वशीभूत होकर माँ साल में एक व्रत रखती है जिसे होई का व्रत कहा जाता है । वैसे यह व्रत होई न हो कर अहोई होता है । मगर हमारे हरियाणा में तो इसे होई का व्रत ही कहा जाता है ।

लगते कातिक की चौथ को महिला अपने पति के लिये व्रत रखती है- करवा चौथ । फिर इसी के ठीक चार दिनों बाद, आठम वाले दिन यह होई

का व्रत रखा जाता है । यह व्रत केवल बेटों की कुशलता के लिये ही रखा जाता है—उन पर किसी भी प्रकार की आपत्ति न आये—वे सदा सुखी रहें । जब बेटा पैदा हो जाता है, तभी से माँ इस व्रत को रखना शुरु कर देती है और उम्रभर उसे करती रहती है । देखने में आया है कि व्रत वाले दिन दो छोटे मटकों में पानी भर कर साथ-साथ रखा जाता है । उनपर फूल माला भी रखी जाती है तथा कोई कपड़ा-औढ़णा आदि भी रखा जाता है । शायद यह पानी भरना इस बात का प्रतीक है कि जो भी कष्ट बेटे पर आने वाले हैं वो सारे इस मटके के पानी में घुल जायें, और बेटा खुशी-खुशी रहे । शाम को व्रत खोलते समय इन मटकों की धोक मारी जाती है और उन पर रखा कपड़ा दान कर दिया जाता है । इसके पीछे आफत लाने वाली देवी की पूजा कर के उसे खुश किया जाता है ।

जो माँ सारी उम्र अपने बेटों की बलायें उतारती रहती है वो माँ मन ही मन यह भी चाहती है कि उसके बेटे बुढ़ापे में उसकी सेवा भी करें । परन्तु यह इच्छा तो बहुत थोड़ों की पूरी होती है । माँ अपनी पूरी ममता बरसाती है परन्तु बेटे, इस ममता का कर्ज उतारने में कोताही ही बरततें हैं । फिर भी माँएँ इस व्रत को रखती हैं और बेटा पैदा होने की प्रबल इच्छा पाले रहती हैं । क्या ही अच्छा हो कि माँ अपनी दोनों सन्तानों में यह भेदभाव न रख कर बेटी के लिये भी व्रत रखे और बेटे माँ का ऋण उसकी सेवा व उसका सम्मान करके उतारें ।

●

गोद लेना

चाहे लोग कितना भी कह लें, मगर हमारे कृषि–प्रधान प्रान्त में लड़के का अपना महत्त्व होता ही है । पहले तो लड़का ही वारिश बनता था मगर अब लड़की का हक भी बाप की जायदाद में हो जाने लगा है । लड़की तो ब्याह हो जाने के बाद माँ–बाप से दूर किसी दूसरे गाँव में चली जाती है और फिर उसका अपना परिवार हो जाता है जिस की जिम्मेदारी उस पर पड़ जाती है । इसलिये आज के सामाजिक रिवाज़ के चलते लड़की के लिये माँ–बाप के पास रह कर उनके बुढ़ापे में उनकी सेवा करना सम्भव नहीं होता है । यही परिस्थिति लड़के के महत्त्व को और बढ़ा देती है । इसीलिये लोग लड़का पैदा होने के लिये लाख जतन करते हैं, डॉक्टरों के पास जाते हैं, साधु–सन्तों का आशीर्वाद लेते हैं और झाड़े–झपटों का सहारा तक भी लेते देखे गये हैं । कई बार तो असामाजिक ढंग से भी लड़का होने की इच्छा पूर्ण करते हैं । इन सारे लटोटरों पटोटरों के बाद भी जब लड़का पैदा होने वाली बात नहीं बनती, तब पति–पत्नी किसी दूसरे के लड़के को अपना बना लेने की बाबत विचार करने लगते हैं । किसी दूसरे के लड़के को अपना बना लेने के रिवाज़ को गोद लेना कहा जाता है ।

समझदार पति–पत्नी तो जब देखते हैं कि लड़का पैदा नहीं होता, तभी बिना बुढ़ापे की इन्तजार करे ही किसी छोटे बच्चे को ही गोद ले लेते हैं । वैसे लड़के की चाह में लड़कियाँ पैदा करते चले जाना अपने लिये दुखों को बढ़ाना ही है । अब अलट्रासाऊँड मशीनें आ जाने के बाद लड़का है या लड़की, का पता चल जाता है । औरतें कई–कई बार गर्भ पात करवा कर

अपने स्वास्थ्य को बिगाड़ लेती हैं जो बुढ़ापे में बड़ा दुखदायी बन जाता है। वैसे ऐसे टैस्ट करवाना कानूनी जुर्म भी बन गया है।

यह गोद लेने की प्रक्रिया भी पति-पत्नी को बड़ी देर तक उलझन में डाल देती है, कब लिया जाये, किस का लिया जाये, आगे चल कर गोद लिया हुआ उन के साथ कैसा बर्ताव करेगा, की उधेड़ बुन चलती रहती है। फिर भी वक्त से ही छोटा बच्चा ले लिया जाये तो, होने वाले माँ-बाप व बच्चे में मोह का एक मजबूत ताना-बाना बन जाता है जो आगे चलकर सुख व खुशियाँ देता है।

जब यह तय हो जाता है कि कौन-सा बच्चा गोद लेना है तब एक उत्सव (वाणा) किया जाता है जिसमें मिठाई (लड्डू) बनवा कर सभी रिश्तेदारों व यारों प्यारों को दावत दी जाती है। यह दावत ही गोद लेने की बात को दूर-दूर तक पहुँचा देती है और कुछ सालों के बाद लोग यह भूल-सा जाते हैं कि यह लड़का गोद आया हुआ है, उन्हीं का अपना बन जाता है।

कुछ लोग तो अपने भाई के लड़के को ही गोद ले लेते हैं। जहाँ पत्नी का ज्यादा प्रभाव होता है वह अपने भाई के लड़के पर नजर रखती है। कुछ लोग इस कशमकश से बचने के लिये अनाथालय से ही छोटे बच्चे को ले आते हैं और उसे अपना बना लेते हैं। ऐसा करने से रिश्तेदारों में आपसी रंजिश व मन मुटावा नहीं बनता है। कुछ ज्यादा ही भले इन्सान तो लड़की को ही गोद ले कर अपना वारिश उसे बना लेते हैं। उसके बच्चों से ही, गोद लेने वाले की वंश बेल चल पड़ती है।

आजकल अविश्वास के वातावरण में लोग वकीलों से गोदनामा तैयार करा कर उसे तहसील में रजिस्टर भी करवाते हैं। यह पैसे का खेल है। गरीब आदमी को तो आने वाले बच्चे में प्यार ही ढूँढ़ना चाहिये।

●

घर–जमाई

जब किसी की लड़का पैदा होने की इच्छा पूरी नहीं होती और वह बुढ़ापे की तरफ बढ़ने लगता है तब उसे एक विचार सताने लगता है कि तेरे मरे पीछे कौन सम्भालेगा तेरा घर–बार, जमीन–जायदाद, कारोबार–बुढ़ापा कैसे कटेगा ? पति–पत्नी इस बात पर बार–बार सोचते हैं और बात को आगे के लिये टाल देते हैं। कई बार तो यह सिलसिला बुढ़ापा आ जाने तक चलता रहता है । कई बार इसी मझधार के बीच ही पति चल बसता है और पत्नी अपनी नैया को कैसे पार लगाये, भगवान भरोसे छोड़ जाता है । ऐसी हालत में विधवा को सलाह देने वाले भी कई बन जाते हैं । सब से पहले तो इस विधवा के भाई ही अपने लड़लों को बुआ के ठिकाने (कूढ़्ढे) पर कब्जा करवाना चाहते हैं । देवर व जेठ अपने अपने दाव खेलते हैं । विधवा के मन में बड़ी खेंचातानी रहती है । यदि वह औरत बिना लड़की के भी हो तो किसी के लड़के को गोद लेने की सोचती है । मगर जब उसकी अपनी लड़की हो तो वह अपने देहोते को अपना बेटा बनाकर रख लेती है । मगर कई बार अपनी कई लड़कियाँ होने पर यह फैसला लेना कठिन हो जाता है कि कौन–सी लड़की के लड़के को अपना लड़का बनाऊँ । कई बार ऐसी स्थिति भी बनती है कि अगले लोक जाने के दिन तो थोड़े रह जाते हैं और ये देहोते बहुत कम उम्र के ही होते हैं जो आखिरी दिनों के बुढ़ापे की देखभाल नहीं कर सकते ।

इन सब बातों पर सोच–विचार करके कई बार माँ–बाप अपनी बेटी को ऐसे लड़के के साथ ब्याहते हैं जो अपने माँ–बाप को छोड़कर, सास–ससुर

के घर, सारी उम्र रहने को राजी हो । जो दामाद सारी उम्र अपने सास-ससुर के ठिकाने (कूढ्ढे) पर आकर रहता है उसे घर जमाई कहा जाता है अर्थात ऐसा जमाई जो लड़की के ही घर पर रहे । पहले तो पुराना जमाना ऐसा था कि जो बात चार भाइयों के बीच हो जाती थी वो कानून से भी पक्की होती थी । बस आस-पड़ोस को पता लगना ही घर जमाई बना लेना समझ लिया जाता था और तहसीलदार के सामने अपनी कृषि भूमि दामाद को दे देनी ही हाँ कर देनी होती थी । मगर हकीकियों का हक दूसरे बाहर वाले को जाये यह बात भाई-बंधों को बहुत सालों तक हजम नहीं होती थी, इसलिये अब पहले ससुर अपनी वसीहत दामाद के नाम करवा कर पक्का काम करवा देता है ।

चाहे ससुर ने कितना भी पक्का काम करा दिया हो मगर दामाद का मन, घरजमाई बनने के ताने सुन-सुन कर कई सालों तक कच्चा ही रहता है । हकीकी जब हुक्के पर बैठकर चार भाइयों में इर्ष्या वश (जलते हुये) कहते हैं कि इस भूखड़ के घर कुछ था ही नहीं, नहीं तो कौन छोड़ता है अपने माँ-बाप व सगे सम्बंधियों को - लोभी जीव है तभी तो अपना छोड़कर यहाँ भाग आया - यहाँ भी इसका कौन-सा पेट भर जायेगा । बहुत सालों तक हकीकियों के साथ एक तरह की दुश्मनी-सी रहती है । जो दामाद ऐसी हालत को यह सोच कर पार कर जाता है कि उसने तो सास-ससुर को ही अपने माँ बाप मान लिया है और उनकी सेवा करके ही अपना अगत सुधारूँगा, वह सुख का जीवन बिताता है वरना सारी उम्र अपने मन में खटास बनाये रख कर उसे अगली पीढ़ी तक पहुँचाता है ।

●

धर्म करना

कृषि-प्रधान प्रदेश में वर्षा का बड़ा महत्त्व होता है। यदि समय पर वर्षा हो जाये तो अच्छी फसल हो जाती है और यदि समय पर वर्षा न हो तो अकाल पड़ने का डर बन जाता है। हमारे लोगों की धारणा रही है कि समय पर वर्षा न होना देवताओं का प्रकोप होता है। देवी-देवताओं को खुश रखने के लिये कई ढंग अपनाये जाते हैं। भैंस का नया दूध किसी देवता पर चढ़ाया जाता है, तीज-त्योहार पर पूजा की जाती है, व्रत रखे जाते हैं। सावनी की फसल असाढ़ में वर्षा होने के बाद बोई जाती है। इसलिये लोग इस वर्षा का इन्तजार बड़ी बेसबरी से करते हैं। कई बार साढ़ का महीना सूखा निकल जाता है। तब सारे क्षेत्र को चिन्ता सताने लगती है। जब सावन के कुछ दिन भी बिना वर्षा के बीत जायें तो यह चिन्ता बहुत बढ़ जाती है, भूखे मरने की नौबत बन जाती है।

ऐसो होने पर सारा गाँव इकट्ठा होकर धर्म करने का निर्णय लेता है। एक निश्चित तिथि तय की जाती है। हर घर अपनी सामर्थ के अनुसार चून (आटा), गुड़ व घी एक निश्चित स्थान पर भेजता है। कई बार दूध और चावल भी लोग भेज देते हैं। पहले शक्कर घर-घर होती थी। इसलिये शक्कर भी बहुत इकट्ठी हो जाती थी। किसी मंदिर के पास या और किसी धार्मिक स्थान पर हलुवा व खीर बना ली जाती है। सारे गाँव में मनादी की जाती है कि धर्म हो रहा है, इसलिये वहाँ पर भँडारे में ही भोजन करें। आमतौर पर सभी अपने-अपने बरतन लेकर कतारों में बैठ जाते हैं। यदि कोई अपने पैसे से पत्तल खरीद लाता है तो उन पत्तलों पर भी हलुवा परोस दिया जाता

है, मगर खीर तो कटोरे या बेले में ही परोसी जाती है । देखने में आता है कि गरीब लोग व बच्चे तो वहाँ जीमते हैं और दूसरे लोग अपने घरों में ही खाना खाते हैं । मगर जब तक हलुवा या खीर बनकर तैयार हो तब तक एक बड़ा-सा यज्ञ भी किया जाता है । अपने यहाँ वैसे भी मान्यता है कि यज्ञ करने से वर्षा होती है । इस यज्ञ के लिये सामग्री का प्रबंध भी कोई गाँव का ही धर्मात्मा व्यक्ति कर देता है या कुछ लोग मिलकर कर लेते हैं । पीपल, बड़ या आम की लकड़ियाँ समीधाओं के लिये गाँव में ही मिल जाती हैं । या तो गाँव का पंडित स्वयं ही यज्ञ के मन्त्र बोल लेता है या दूसरी जगह से किसी शास्त्री आदि को यज्ञ करने के लिये बुला लिया जाता है । सभी नहा कर यज्ञ पर बैठते हैं और मन्त्र बोलने में तो वे सहयोग दे नहीं सकते हैं मगर मन्त्र के अन्त में सुवाह बड़े जोर से बोलते हैं । सारा वातावरण शुद्ध हो जाता है ।

यदि इस धर्म करने के एक दो दिन बाद वर्षा हो जाये तो मान लिया जाता है कि नाराज देवता मान गये हैं और उन्होंने प्रसन्न होकर वर्षा कर दी है । यदि वर्षा न हो तो कहने लग जाते हैं देवता तो ज्यादा ही नाराज हैं, अब तो अकाल ही पड़ेगा । वैसे तो मानसून की वर्षा के बारे में अब मौसम विभाग रेडियो पर रोजाना बताने लग गया है और लोग वर्षा के योग को समझने भी लग गये हैं । इसलिये इस धर्म का महत्त्व अब कम होता जा रहा है ।

●

एकता निकालना

हमारे देहात में पशुधन का बड़ा महत्त्व रहा था । बैलों से ही खेती की जाती थी । यह समझो कि बैल ही अन्नदाता होते थे । बैलों के बिना न तो हल जोता जाता था, न बीज बोया जाता था, न गाड़ी खेंची जाती थी और न ही फसल की गाही कर के दाने निकाले जाते थे । गाय के बछड़े ही तो बैल बनते थे. तथा पहले दूध भी गाय का ही पीया जाता था । इसलिये गाय भी हमारी संस्कृति का बहुत ही महत्त्वपूर्ण अंग रहा है । कालान्तर में भैंस का दूध पीया जाने लगा । गरीब आदमी भी भैंस की कटड़ी पाल कर भैंस बना लेता था और अपना जीवन निर्वाह कर लेता है । पहले लोग घोड़े भी रखते थे और हमारे कुछ भाग में ऊँटों का भी चलन रहा था । यानी ये सारे पशु हमारे जीवन से इस प्रकार से जुड़े होते हैं कि हम उनसे उतना ही प्यार करते हैं जितना घर परिवार के सदस्यों से ।

कई बार कोई ऐसी बीमारी आ जाती है जो पूरे गाँव के पशुओं को लग जाती है । पहले पशु हस्पताल भी बहुत थोड़े थे और महामारी की रोक-थाम करना सरकार बहुत जरूरी काम नहीं समझती थी । इसलिये हमारे बुजुर्गों ने ऐसी स्थिति से निबटने के लिये एक अपना देशी तरीका ढूँढ़ रखा है । इसे हम एकता निकालना कहते हैं । जब गाँव में 5-10 पशु किसी एक जैसी बीमारी से मर जाते हैं तब सारा गाँव इकट्ठा होकर इस समस्या पर विचार करता है । गाँव के स्याणे लोग गाँव में एकता निकालना तय करते हैं । एक दिन तय किया जाता है । सारे गाँव में मनादी की जाती है कि फलां दिन गाँव में एकता निकाला जायेगा । उस दिन कोई भी गाँव से बाहर नहीं जायेगा और

कोई अन्दर नहीं आयेगा । पशुओं के चारे आदि का भी प्रबन्ध पहले दिन कर लिया जाता है । उस दिन कोई भी दूध नहीं बिलौता है । या तो दूध पी लिया जाता है या खीर बनाकर खा ली जाती है । बाहर से पशु भी गाँव में नहीं आने दिया जाता है । कुछ गाँव में दिन में भँडारा चलता है । भँडारे के लिये खाद्य सामग्री सभी से इकट्ठी की जाती है । कुछ गाँव में अपने देवता की भी पूजा की जाती है । गाँव वालों का मानना होता है कि पशुओं में बीमारी देवता के कुपित होने से ही आई है । इसलिये देवता को प्रसन्न करने की पूरी-पूरी कोशिश की जाती है ।

दिन छिपने के बाद एक बड़े तसले या मिट्टी के बड़े कुन्डे में आग जलाकर ऊपर से सामग्री डाल दी जाती है ताकि सामग्री का बहुत अधिक धुआँ निकलने लगे । इस धुआँ निकलते बरतन को हाथों पर कपड़े लपेटकर, गाँव का सब से तगड़ा व्यक्ति घर-घर जाकर पशुओं को धूमणी देता है । उसके साथ 8-10 आदमी भी चलते हैं । वे एक तरह की दौड़ लगाते हैं क्योंकि सारे गाँव में और हर पशुओं वाले घर में जाना होता है । साथ चलने वाले, बर्तन में सामग्री डालते रहते हैं । सभी अनबोल होते हैं । बड़े गाँव में यह धूमणी देना बड़ा कठिन काम होता है । ये लोग पसीनों से तर हो जाते हैं । जब सारा गाँव पूरा हो जाता है तब ये धूमणी वाले लोग इस धूमणी के बर्तन को गाँव की सरहद पर गाड़ कर आते हैं । इन के साथ काफी लोग लाठियों व दोसंग जेलियाँ ले कर जाते हैं क्योंकि कई बार साथ लगते गाँव के लोग अपनी सरहद पर यह बर्तन गाड़ने का एतराज करके झगड़ा कर देते हैं ।

इसके पीछे वैज्ञानिक सोच यह है कि इस धूमणी से बीमारी के कीटाणु मर जाते हैं और उस दिन बाहर से कीटाणु भी नहीं आता । क्योंकि सारे गाँव के पशुओं का एक ही दिन में एक जैसा इलाज हो जाता है ।

●

कार्तिक नहाना

हमारे रीति रिवाज़ व तीज त्योहार मौसम को ध्यान में रख कर ही बनाये गये हैं । मौसम व शरीर के स्वभाव का गहरा सम्बंध होता है और हमारे स्वस्थ्य को पूरी तरह प्रभावित करता है । जब सर्दी का मौसम आने वाला व जाने वाला होता है तब लोग कहते सुने जाते हैं मौसम बदल रहा है । इस बदलाव को बर्दाश्त करने के लिये भी रिवाज़ बने हैं । कार्तिक का महीना सर्दी के मौसम के आने का सूचक है । इससे पहले ठंडे पानी से नहाने की आदत होती है । हम कपड़े भी कम पहनते हैं । मगर कार्तिक का महीना बीत जाने के बाद ठंडे पानी से स्नान करना कठिन-सा हो जाता है और ठंड से बचने के लिये शरीर पर अधिक कपड़े पहनते हैं । हमारा शरीर इस बदलाव को अच्छी तरह बर्दाश्त कर ले, आने वाली सर्दी का मुकाबला कर ले, इसलिये इस पूरे महीने, सुबह ही, किसी नदी, तालाब या कुएँ पर नहाने का चलन बनाया गया है । इसीलिये इस रिवाज़ का नाम कार्तिक नहाना पड़ गया है ।

वैसे भी हमारे प्रदेश में तो सूर्य उदय से बहुत पहले सो कर उठ जाने का चलन रहा था । लोग पहर के तड़के उठ कर अपने पशुओं को चारा देते हैं और फिर अपनी दिनचर्या में जुट जाते हैं । सूर्य उदय से पहले तो बैलों के हल से एक बीगा जमीन जोत लिया करते थे । गाय व भैंसों का दूध निकाल कर, उन्हें गाँव से बाहर जोहड़ के किनारे ले जाते थे । क्योंकि पहले लोगों को घरों में टट्टी होने का चलन नहीं था और गाँव से बाहर थोड़ी दूर पर जंगल में जाया करते थे । इसी कारण से टट्टी जाने को जंगल जाना भी

कहा जाता है । यह टट्टी करना पर्दे में होता है, इसलिये लोग सूर्य उदय से बहुत पहले इस काम के लिये चले जाते थे । कहने का अर्थ है कि हमें सुबह वक्त से उठने की आदत तो होती ही थी । जब बाहर जाते तो अपनी सुविधा अनुसार नदी, जोहड़, बावड़ी आदि में नहा भी लिया करते । ये सुविधा न होने पर अपनी बाल्टी व नेजू (रस्सी) साथ ले जाते और कुएँ से पानी निकाल कर नहा लिया करते । कार्तिक के महीने में दस-दस व्यक्तियों को इकट्ठा नहाते हुये भी देखा जा सकता था । हमारे ऋषियों-मुनियों ने रीति-रिवाज़ों को दृढ़ता से मनाने के लिये उन्हें पाप व पुण्य से जोड़ दिया था । कार्तिक नहाने को पुण्य कमाना भी कह दिया । पुण्य मिलने से मनोकामना का पूरा होना भी बताया गया है । इसलिये पुण्य कमाना जीवन में सफलता प्राप्त करना बन गया है । कुँवारी लड़कियाँ अच्छा वर मिलने की कामना रखती हैं और जिनकी शादी हुये थोड़ा समय बीता है वे भी यह आशा लगाये रहती हैं कि उनका गृहस्थ जीवन सुख शान्ति से बीते । इसलिये हमारी लड़कियाँ कार्तिक नहा कर पुण्य कमाती हैं । वे पूरे मोहल्ले की इकट्ठी होकर, गीत गाती हुई नहाने के स्थान पर जाती हैं । नहाते-नहाते भी गीत गाती रहती हैं । वापसी पर भी गीत गाती आती हैं । इन लड़कियों के गीत सुन कर दूसरे लोग भी उठ जाते हैं और उन्हें भी नहाना याद आ जाता है । शायद ही कोई लड़की होती हो जो कार्तिक न नहाती हो । एक दो दिन तो अटपटा-सा लगता है मगर फिर तो प्रातः नहाने में तथा कार्तिक नहाने के गीत गाने में पूरा पूरा आनन्द आता है ।

मगर आधुनिकता की बीमारी ने ऐसे रिवाज़ों को न मानना अक्लमंदी बता कर, शरीर की रोगों से लड़ने की क्षमता को कमजोर कर दिया है जिसने डॉक्टरों की संख्या व दवाई की दुकानों की लाईन को बढ़ाया है ।

●

गंगाजी नहाना

अपने देश में नदियों को देवी का दर्जा दिया गया है । इन नदियों के जल से हमारा पूरा जीवन प्रभावित होता है । जिस क्षेत्र में नदियाँ बहती हैं उस क्षेत्र के लोगों का उन नदियों से अटूट रिश्ता बन जाता है । उनका जल उनका जीवन बन जाता है । जल को पीते हैं, जल से नहाते हैं, पशुओं को पिलाते हैं तथा अन्न उगाहने के लिये अपने खेतों को सींचते हैं । जब नदी में अधिक पानी आ जाता है तो बाढ़ भी आ जाती है जिससे लोगों को परेशानी होती है । इस स्थिति को नदी माँ को कुपित होना कहा जाता है । जैसे माँ–बच्चे को प्यार करती है, उसे दूध पिलाती है, भोजन कराती है तथा पूरा लालन पालन करती है, मगर कभी–कभी बच्चे को डाँटती भी है और थप्पड़ भी मार देती है । इसी तरह इन नदियों के आचरण को अपनी माँ या किसी बड़ी देवी के आचरण से जोड़कर उनको आदर मान दिया जाता है । हमारे उत्तरी भारत में गंगा नदी का विशेष स्थान है । इसके जल को अमृत तुल्य समझा जाता है और हर खुशी के मौके पर गंगाजल का प्रयोग करना हमारी आदत का महत्त्वपूर्ण भाग रहा है । यह भी समझा जाता रहा है कि गंगा में स्नान करने से सारे पाप धुल जाते हैं । हर व्यक्ति जाने अनजाने में ऐसी भूल तो कर ही बैठता है जिससे पाप लगने का डर बना रहता है । इसलिये इन पापों से मुक्त होने के उपाय तलाशता है । हमारे क्षेत्र में तो गंगा स्नान करना सबसे बड़ा व आसान उपाय माना गया है ।

क्योंकि हमारा प्रदेश कृषि–प्रधान रहा है । इस लिये यहाँ के लोगों को सारा साल कृषि कार्यों में लगा रहना पड़ता है । फिर भी उन्हें इन पापों से

मुक्त होने का भी समय निकालना होता है । क्योंकि कार्तिक का पूरा महीना सुबह स्नान करने का चलन बन गया था इसलिये इस महीने की पूर्णिमा को गंगा नदी में स्नान करना इन साल भर के पापों से मुक्त हो जाने का रिवाज़ भी बन गया ।

पहले कार्तिक के महीने तक किसान अपनी साढी की फसल बीज लेता था और पूर्णिमा तक फुर्सत में हो जाता था । दूसरे सावनी की फसल से चार पैसे भी उसके हाथ लग जाते थे इसलिये कार्तिक की पूर्णिमा को गंगा जी में नहाना उसके लिये सुलभ माना गया । किसान के रिवाज़ ही सबके रिवाज़ बन गये । हमारे हरियाणा क्षेत्र के लिये गढ़मुक्तेश्वर में ही गंगा नजदीक पड़ती है । इस लिये हरियाणा के लोग वहीं पर स्नान करने जाते हैं । पहले लोग अपनी बैलगाड़ी से भी गढ़गंगा चले जाया करते । हफ्ता भर पहले चलना पड़ता था । साथ में खाने के लिये साँधा बना कर ले जाते थे । कई दिनों तक ठहर कर मेला देखते और सुबह शाम हर हर गंगा बोल-बोल कर पवित्र जल में डूबकी लगाते थे । अपने माँ-बाप को गंगा स्नान करवाना तो उत्तम पुण्य समझा जाता था । इसी तरह ब्याही बहन को भी गंगाजी नुहाणा भी अपना धर्म समझा जाता रहा है । वापसी पर गंगाजी का प्रसाद, व जल जरूर लाते हैं जिसे गाँव में अड़ोस पड़ोस में बाँट कर अपने गंगा स्नान कर आने की मोहर लगवा ली जाती थी ।

अब पैसा व समय दोनों हो गये हैं और गढ़गंगा को तो कोरा देहती मेला समझ कर वहाँ जाने की बजाये सावन के महीने में हरिद्वार की हर की पौड़ी में नहाकर आने का चलन बनता जा रहा है । यह चलन मनोरंजन ज्यादा और पाप धोना कम है । फिर भी लोग बाहर जा कर कुछ सीख कर ही आते हैं ।

●

भजन सुनना

भजन से यहाँ मतलब धार्मिक गीतों से नहीं है बल्कि कोई भी ऐसा प्रचार जो धार्मिक, सामाजिक प्रेरणा दे । हमारे इलाके हरियाणा में प्राचीन काल से ही इंसान को सुमार्ग पर चलने की प्रवृत्ति को सुदृढ़ करने के प्रयत्न होते हैं । जहाँ साधु-सन्तों के प्रचवन सुनने के अवसर तो बहुत कम लोगों को मिलते थे वहाँ क्षेत्र विशेष के लिये प्रचारक होते आये हैं । इन प्रचारकों को भजनी कहा जाता है क्योंकि ये अपने अपने ढंग से भाँति-भाँति की कथायें सुनाते समय मधुर स्वर में कुछ गीत भी गाते हैं और इन गीतों को भजन कहा जाता है । इन भजनीयों के प्रचार का प्रभाव समाज पर सार्थक पड़ता रहा था । इसीलिये ये लोग गाँव-गाँव जाकर प्रचार तो करते ही साथ ही अपनी रोटी-रोजी भी चलाते थे ।

एक भजन मँडली में आमतौर पर चार व्यक्ति होते हैं । एक तो उस्ताद जी होते हैं जो मुख्य प्रचारक होता है और जो अपने ढंग से गीत गाकर अपने ही स्वर लहजे में लोगों को, सुमार्ग पर चलकर जीवन सुखमय बनाने के लिये प्रेरित करता है । उसका अपना हारमोनियम होता है जिसे वो बड़ी मीठी तान से बजाता है । वो ही अपनी मँडली के बाकी आदमियों का प्रबन्ध करता है । एक ढोलक बजाने वाला होता है जिसे ढोलकिया कहा जाता है । वो उस्ताद जी के सुर में सुर मिलाकर अपनी ढोलक बजाता है । यह ढोलक बहुत बड़ी नहीं होती है । बस मध्य आकार की ही होती है । वो प्रचार शुरु करने से पहले अपनी ढोलक को, रस्सियाँ खेंच खेंच कर कसता है । जिस रस्सी को कसता है उसी पर हथेली को बड़े जोर से मारता है । यह कर्म ही देखने

वालों के लिये मनोरंजक होता है । इस ढोलक बजाने में कई आदमी बड़ी महारत हासिल कर लेते हैं । वे अलग-अलग आवाजों में ढोलक तो बजाते ही हैं साथ ही उस्ताद के भजन का मुख्य सुर भी भरते हैं । कई ढोलकिये अपने पैरों से भी ढोलक बजाकर देखने वालों को चकित कर देते हैं । ढोलक के बिना भजन मँडली शायद ही होती हो । तीसरा आदमी खड़ताल बजाता है । उसका भी अपना-अपना तरीका व हुनर होता है । कभी तो एक हाथ की अंगुलियों में डालकर बजाते हैं और कभी एक-एक को दोनों हाथों में पकड़ कर बजाते हैं । वो भी उस्ताद के सुर में सुर मिलाता है । चौथा व्यक्ति चिमटा बजाने वाला होता है । यह संगीत के लिये विशेष तौर से बजाने के लिये कोई तीन चार फुट लम्बा चिमटा होता है जिसे में छोटे-छोटे पीतल या लोहे के गोल-गोल टुकड़े जड़े होते हैं । इस चिमटे को हिलाने से झँकार निकलती है ।

ये मँडलियाँ किसी भी विशेष मौकों पर गाँव की चौपाल में बुला ली जाती हैं और गाँव में मनादी करवा दी जाती है । लोग रात का खाना खा-खाकर चौपाल में आ जाते हैं । फिर मँडली अपना कार्यक्रम शुरु करती है । पहले भगवान की स्तुति में एक भजन गाया जाता है फिर उस्ताद जी, महासेजी, भगतजी, प्रेमी जी जैसे-जैसे उस्तादजी अपने को कहलवाना पसंद करता है, उस दिन की कथा शुरु करता है । वो बड़े रोचक ढंग से कथा सुनाता है । बीच-बीच में भजन सुनाता है और भरपूर मनोरंजन के लिये चुटकुलों का छोंक भी लगाता रहता है । वो अपने ढंग से सुनने वालों को मंत्रमुग्ध कर देता है और लोग एकचित बैठे सुनते रहते हैं । बीच-बीच में उठकर भजनी को कुछ रुपये भी देते हैं । भजनी भी रुपये देनेवाले की बडाई कहता हुआ, उसका नाम लेकर बोलता है - फलां ने अपनी नेक कमाई से करा...रुपये का दान । इसे ऐसे ढंग से कहा जाता है कि दूसरों को भी रुपये देने के लिये गुदगुदी हो । यह भजन सुनना-सुनाना आधी रात तक चलता है ।

इस में भजनी सामाजिक बुराईयों को छोड़ने तथा सुमार्ग पर चल कर जीवन बिताने पर जोर देता है । इसी आशय के लिये वो बड़े-बड़े त्यागियों सत्यवादियों की कथायें सुनाता है । राजा हरिश्चन्द्र, प्रहलाद भगत, मीरा बाई आदि की कथा तो सुनाते ही हैं, साथ ही लोगों की धर्मकर्म में नीयत बढ़ाने के लिये समय व स्थान के महत्त्व अनुसार अपने-अपने हुनर को जनता के

सामने रखते हैं ।

मगर खेद की बात यह है कि अब घर-घर टी.वी. आ जाने से लोगों की रुचि भजनीयों के भजन सुनने में कम होती जा रही है और सिनेमा के भंडेलेपन में अधिक ।

साँग देखना

मनोरंजन तो हमारे जीवन का आधार रहा था । जीवन के हर पहलू में हम मनोरंजन ढूँढ़ते थे । शायद नीरस जीवन जीना हमें पसंद ही नहीं था । जहाँ आते-जाते, उठते-बैठते एक-दूसरे का मखौल उड़ा कर हँस लेना हमारी वृत्ति में शामिल था वहाँ गाँव-गुहाँड के बहुत सारे लोगों द्वारा इकट्ठे होकर सामूहिक तौर पर भी मनोरंजन किया जाता था । इस मनोरंजन में साँग देखना सबसे पहले आता था । साँग भी एक तरह का नाटक ही होता है जिसमें संवादों के अलावा साँग मँडली का मुखिया हर दृश्य का संदर्भ व आगा-पीछा अपने आप बता देता है जिससे दृश्य समझने में तथा उससे पूरा आनन्द उठाने में सहायता हो जाती है । जहाँ नाटक में संगीत केवल थोड़ी बहुत सहायता के लिये होता है वहाँ संगीत साँग का प्राण होता है । भला बिना संगीत के गाना कैसे सम्भव हो सकता है ।

गाने व दर्शाने के हुनर में महारत रखने वाला एक कलाकार अपनी एक मँडली जोड़ता है । उसमें कई पुरुष कलाकार और पाँच छः साजंदे होते हैं । इन कलाकारों में महिलाओं का रोल करने वाले भी पुरुष ही होते हैं । ढोलक, हारमोनियम, सारंगी, चिमटा व नगारा मुख्य साज होते हैं । उनमें नगारा सुरताल उठाने में अगवाई करता है । महिला का किरदार करने वाला लड़का महिला की तरह ही देश व काल अनुसार सिंगार करता है ।

गाँव के बाहर पेड़ों के झुर्मुट में आठ-दस तख्त बिछा कर स्टेज बना दी जाती है और उस गाँव व आस-पास के गाँवों के लोग इस स्टेज के गिर्द बैठ जाते हैं । नाटक में तो स्टेज के सामने ही बैठते हैं । साँग की न ही तो कोई मनादी की जाती है और न ही देखने के लिये किसी को बुलाकर लाया जाता है । बस साँग होने की खबर अपने आप दूर-दूर तक फैल जाती है ।

लोग पैदल चलकर दूर-दूर से आते थे और रात को दो तीन बजे के बाद वापिस भी जाते थे ।

जब किसी के घर खुशी का मौका हो या कोई भी सामूहिक काम करने के लिये धन इकट्ठा करना होता तब साँग मँडली को बुला लिया जाता था। लड़की की शादी में, खाते-पीते लोग बारात के साथ साँगी को बुला लेते थे और चौपाल, गऊशाला, धर्मशाला, कुआँ, जोहड़ व कोई रास्ता बनवाने के लिये साँगी की मदद ली जाती थी । लोग साँग देखते थे और इन नेक कामों के लिये चम्बोला भी कहलवाते थे । शादी में तो लड़की वाला ही खर्च बर्दाश्त करता था । जो भी कोई रुपये देता वो साँगी के पास ही रहते थे ।

सबसे पहले आठ-दस कलाकार महिलाओं के भेष में बिना गाये ही संगीत की लहर पर नाचते हैं जिसे गुगा धमोड़ा कहा जाता है । फिर साँग का मुखिया ईश्वर की स्तुति में एक भजन गाता है । इसके बाद वो अपनी उस दिन की कथा की पृष्ठभूमि बताता है और साँग शुरु कर देता है । इसमें कहानी के मौके अनुसार रागनी होती है और संगीत की मदद से भी कुछ समझाया जाता है । कुछ रागनियाँ ऐसी होती हैं जो पुरुष कलाकार व महिला कलाकार द्वारा एक दूसरे के सवाल जवाब के तौर पर गाई जाती हैं - उन्हें ऊपराँ तले की कहा जाता है । साँग मँडली का मुखिया स्वयं हीरो बनता है और एक जवान लड़का हीरोइन बनता है । यह हीरोइन बना लड़का साँग का मुख्य आकर्षण होता है । इसके गाना गाने के स्टाईल व ऊँची छलाँग मारकर नाचने पर ही लोग मुग्ध होते हैं और रुपये दे देकर चम्बोला कहलवाते हैं । जब रुपये देने वाले का नाम, उसके बाप का व गाँव का नाम लेकर चम्बोले में बड़ाई गाई जाती है तो दूसरों को गुदगुदी कर जाती है । यही गुदगुदी कई बार मुकाबले में भी बदल जाती है । इस तरह मोटी राशि इकट्ठी हो जाती है । इसीलिये तो साँग करवाया जाता है । आम के आम और गुठलियों के दाम ! लोगों का मनोरंजन भी हो जाता है और धन भी इकट्ठा हो जाता है । कई बार शरारती लोग साँग में झगड़ा भी कर देते हैं । साँग में आमतौर पर धार्मिक कथा व प्रेम कहानियों का ही विवरण किया जाता है जिससे लोगों का भरपूर मनोरंजन होता है । मगर सिनेमा व टी.वी. ने हमारे इस मनोरंजन को लगभग समाप्त ही कर दिया है ।

●

अमावस की छुट्टी

जैसा कई बार लिखा गया है कि हरियाणा प्रान्त कृषि-प्रधान क्षेत्र रहा है । यहाँ के लोग या तो सीधे तौर से खेती बाड़ी करते हैं और या फिर खेती के काम से अपना निर्वाह करते हैं । आमतौर पर खेती बैलों से होती रही है । वैसे राजस्थान से लगते कुछ इलाके नारनौल व लोहारू में ऊँटों का भी प्रयोग खेती के काम में किया जाता रहा है । इसलिये जिस पशु से खेती की जाती है वो किसान को बहुत प्यारा होता है । जब किसी ने कसम उठानी हो तो सबसे ज्यादा प्यारी चीज की उठाई जाती है जैसे भगवान की कसम, बाबू की सोंह, माँ की सोंह । ज्यादातर किसान अपने बैलों की सोंह उठाते हैं । इसी से पता चलता है कि बैल किसान के लिये भगवान, बाप व माँ वाला दर्जा रखता था, उसीसे तो अपना हल जोतता था, हल जोतने से तो अन्न पैदा करता था, अन्न से ही तो परिवार पलता था । बैल ही तो रोटी रोजी का साधन था । बैल का बीमार हो जाना परिवार के सदस्य से भी ज्यादा हानिकारक माना जाता था । बीमार सदस्य वाला काम दुख-सुख पाकर दूसरा सदस्य निबटा लेता, मगर बीमार बैल वाला काम परिवार का कोई भी सदस्य नहीं कर सकता था । क्या घर को कोई आदमी हल में जुत कर चला सकता था ?

इसलिये बैल किसान के लिये आराध्य देवता से कम नहीं थे । आप देख रहे हैं कि सरकारी दफ्तरों में हर हफ्ते छुट्टी होती है । शायद अंग्रेजों के आने के बाद से ही इतवार की छुट्टी होने लगी है । स्कूलों की छुट्टी रहती है । इसी तरह शहरों में एक दिन बाजार भी बन्द रहता है । यह छुट्टी

भी पहले नहीं हुआ करती थी । मगर हमारे प्रान्त में एक प्रथा प्राचीन काल से ही रही है कि अमावस को हल नहीं जोतना । अर्थात बैलों की छुट्टी । किसान का काम दफ्तर, कारखाने, दुकान या स्कूल की तरह का नहीं होता कि उसे अगले दिन कर लेने में कोई खास हानि होती हो । मगर किसान का काम तो मौसम से सीधा जुड़ा होता है । उसने तो मौसम के अनुसार खेत जोतना और बीज बोना होता है । खेत में फसल बोने के लिये पानी लगा रखा है तो उसे वतर में आ जाने पर जोतना ही पड़ता है सूख जाने पर हल नहीं चलेगा और बीज भी न उगेगा । इसी प्रकार अचानक बारिश हो जाने पर किसान का मन खिल जाता है खेत में पानी लगाने की जरूरत नहीं पड़ती । इसलिये इस समय हल चलाना जरूरी होता है वरना वर्षा हुई का लाभ कहाँ । परन्तु हमारे प्रान्त में दफ्तर की छुट्टी का कानून बना है, दूकानें बन्द करने का कानून बना है, कारखाने बंद रखने का कानून बना है और उस कानून की पालना को देखने के लिये सरकारी अमला भी होता है, मगर हमारी अमावस को हल न जोतने यानी बैलों की छुट्टी रखना एक ऐसी प्रथा है जिसे किसान अपने जीवन के साथ जोड़े रखता है गऊ के जाये भी तो महीने में एक दिन आराम कर लें । इसलिये खेत का कितना भी जरूरी काम हो बैलों को अमावस वाले दिन हल में नहीं जोता जाता है । उनकी पूरी छुट्टी रहती है । किसान का अपना हृदय तथा समाज का अपना नियम ही इस प्रथा को बनाये रखे हुये है ।

अब ज्यादातर खेती ट्रैक्ट्ररों से होती है । ट्रैक्टर मशीन होती है । मगर कुछ किसान तो ट्रैक्टर के साथ भी अमावस वाला नियम पुगाते हैं । अमावस वाले दिन ही कुछ लोग दूध भी नहीं बिलौते हैं । खीर बनती है । कुछ लोग पूर्णमासी को खीर बनाते हैं । इन दो दिनों में हमारे कुछ लोग नदियों व नहरों में भी नहाते हैं – 'जमना जी नहान गया था ।' कुछ आस-पड़ोस के धार्मिक तालाबों में भी डुबकी लगाते हैं जैसे रामरा, पंडारा, पेहवा, कुलछतर आदि में ।

कुछ भी हो हम एक बात तो समझते ही हैं कि कागजी कानूनों से ज्यादा मजबूती हमारे सामाजिक नियमों में होती थी मगर अब तो समाज ही लचरपचर हो गया, फिर नियम कैसे ?

तोता, फूलझड़ी एवं बिन्दरवाल बाँधना

हमारे ऋषियों-मुनियों ने समाज के लिये ऐसे रीति-रिवाज़ बनाये थे जिनसे प्यार, प्रेम, स्नेह, खुशी झलकती रहे । ये रीति-रिवाज़ हर मौके के लिये अलग-अलग बनाये थे । परिवार के बड़ों के मान-सम्मान और छोटों के प्रति स्नेह निहत रहना इन रिवाज़ों की विशेषता थी । छल, दिखावा तथा अहंकार इनसे बहुत दूर रहता था । इसी कड़ी में परिवार के मकान सम्बन्धी भी कुछ रिवाज़ बनाये गये ।

तोता बाँधना

मकान बनाने के लिये पहले नींव खोदी जाती है । नींव खोदाई शुरू करने पर मिठ्ठी चीज बाँटने का रिवाज़ था – गुड़, शक्कर, पतासे आदि । फिर जब मुख्य द्वार की चौखट रखी जाती है तब परिवार की ब्याही लड़की-बेटी, बूआ अपनी ससुराल से कपड़े का एक सुन्दर-सा तोता बनाकर लाती है और सभी परिवार जनों की मौजूदगी में उसे चौखट के ऊपरी भाग पर, बीच में बाँधती है । मकान का स्वामी–बाप, भाई, ताऊ, चाचा - उस बेटी, बूआ को नेग के तौर पर कुछ नकद रुपये या कोई दूसरी वस्तु जेवर, पशु आदि भेंट स्वरूप देता है । तोते का स्वभाव है कि वो चहकता रहता है । इसलिये इस तोता बाँधने के रिवाज़ के पीछे यह कामना की जाती है कि यह घर सदा बसा रहे - यहाँ किलकारियों का शोर सदा रहे । इस प्रथा से ब्याही बेटी का लगाव अपने माँ-बाप के घर से सदा बना रहने को भी अनजाने-पन से ही मदद मिल

जाती है । हाँ, यदि किसी परिवार में ब्याही बेटी न हो तो यह रस्म कँवारी बेटी से भी अदा करवाई जाती है । कोई भी नया मकान बनता हो उसकी चौखट पर तोता लटकता जरूर दिखाई देगा ।

फूलझड़ी बाँधना

सरकन्डों व चमकीले कागजों से एक स्डेलियर-सा बनाया जाता है । जो बहुत ही हलका व आकर्षक होता है । इसीको फूलझड़ी कहा जाता है - जिसकी चमक से आँखों के सामने फूल से झड़ते नजर आयें । पहले, ब्याह के कई साल बाद गौणा या चाला होता था । नई बहू और दूसरे उपहारों के साथ अपने मायके से एक या ज्यादा फूलझड़ी भी लाती थी । यह फूलझड़ी घर के बीच छत-सहतीर में लगे कड़े से बाँधी जाती है । इसे बहू का जेठ बाँधता है । इस फूलझड़ी के साथ ही जेठ का फूलझड़ी बाँधने का नेग भी आता है - दोहर, चादर, दुशाला, कम्बल आदि । जब जेट इस फूलझड़ी को सभी परिवार जनों की हाजरी में बाँधता है तो सबको बहू द्वारा लाया चूर्मा खिलाया जाता है । जब भी बहू-बेटी ससुराल या मायके के लिये चलती है उसे सास या माँ चूर्मा व कसार जरूर बनाकर देती है । चूर्मा, गर्म-गर्म रोटियों को मोर-मोर कर और उसमें घी व गुड़ डालकर तैयार किया जाता है । हाथों से ही खूब मसल-मसल कर ऐसा बना दिया जाता है कि तीनों चीजों की पहचान ही खत्म हो जाती है । अन्त में उसे एक पंड का रूप दे दिया जाता है । यह एक ऐसा पदार्थ बन जाता है जो कई दिनों तक खाया जा सकता है । यदि सफर लम्बा हो तो रास्ते में इसे खा लिया जाता है । वरना तो अड़ोस-पड़ोस में थोड़ा-थोड़ा बाँट दिया जाता है । हाँ फूलझड़ी बाँधते समय इसे खाने का चलन है । कसार भी इस तरह से बहू बेटी को विदा करते समय साथ दिया जाने वाला पदार्थ होता है जो आटे को अच्छी तरह से भून कर उसमें गुड़ मिला कर बनाया जाता है और इसमें घी डाल कर खाया जाता है । इसे भी पड़ोस में बाँट कर यह सूचना दी जाती है कि परिवार में बहू या बेटी आई है ।

जहाँ फूलझड़ी सरकन्डों व चमकीले कागजों से तैयार की जाती है वहीं बिन्दरवाल कोई तीन–चार फुट लम्बी रंगीन कपड़ों व कागजों से बनी एक बड़ी सुन्दर कलाकृति होती है। बहू इसे बनाकर ससुराल लाती है जिसे जेठ घर की चौखट पर लम्बाई में बाँध कर नेग लेता है। इस बिन्दरवाल को बँधा देखकर गली में गुजरने वाले अपने आप जान जाते हैं कि इस घर में नई बहू आई है। बिन्दरवाल भी घर में सदैव खुशियाँ रहने का प्रतीक होता है।

इन्हीं बातों से पता चलता है कि हमारे रिवाज़ों के पीछे कितनी सार्थकता होती है। ऐसे रिवाज़ों को हमें बनाये रखना चाहिये। वरना आधुनिकता की आँधी हमें अपनी संस्कृति से दूर ले जायेगी।

●

संयुक्त परिवार

पिता को काका या चाचा कहना

हमारी संस्कृति में त्याग व मोह का अजीब संगम होता है । इस संगम के आधीन संयुक्त परिवारों की प्रथा रही थी । एक व्यक्ति के चार बेटे – चारों का ब्याह हो गया, उनके दो–दो, तीन–तीन बच्चे हो गये, फिर भी ये सारे एक ही छत के नीचे रहते और एक ही चूल्हे पर बनाया हुआ खाना खाते। अलग–अलग स्वभाव वाले चार–पाँच भाई और अलग–अलग घरों व गाँवों से आई हुई उनकी पत्नियाँ, एक साथ रहने का नाम है संयुक्त परिवार । इकट्ठे रहना है, जो केवल त्याग भावना के सहारे ही सम्भव है । यहाँ एक भाई के लिये दूसरे भाइयों के बच्चों में कोई भी फर्क नहीं समझा जाता है । संयुक्त परिवार में कई–कई चाचा और कई–कई ताऊ होते हैं । घर का मुखिया साधारणतय घर का सबसे बड़ा सदस्य ही होता आया है चाहे वो दादा हो चाहे वो बाप हो ।

मगर हमारी संस्कृति में एक ऐसा विशेष संस्कार होता है जो व्यक्ति को मेरा का पाठ न पढ़ा कर हमारा की शिक्षा देता है । हमारे देहात में आज भी बड़ी आयु वाली ऐसी महिलाएँ मिल जायेंगी जो अपनी भैंस, अपने मकान व अपने खेत को अपना न बता व कहकर या तो अपने बेटों का बताएँगी या पूछने वाले को कह देंगी –'तुम्हारा ही है ।' इस प्रकार यदि उसके बेटे या पोते के बारे कोई अनजान आदमी यह पूछ ले कि यह लड़का किस का है तो हमारे यहाँ अपना न कहकर यह कहने का चलन रहा है – 'आप ही का

बेटा या पोता है ।' यदि कोई अनसमझ अपने बेटे को दूसरों के सामने अपना कह दे, तो उसे बेशरम कहा जाता है । यह बात न केवल ऊपरी तौर से कहने ही के लिये होती थी बल्कि व्यवहार में भी इस पर अमल होता था । कई बार छोटे लड़कों के कमीज देखकर कोई भी यह अनुमान लगा सकता था कि ये सारे एक ही परिवार से हैं । सबके कपड़े एक जैसे ही बनवा दिये जाते थे । किसी भी घर के मुखिया से यह उम्मीद नहीं थी कि वह अपने भाईयों के बच्चों के कपड़ों से अपने बच्चों के कपड़े अलग बनवा दे ।

भला जब ऐसी प्रवृत्ति हो और संयुक्त परिवार को सुख से रखने की भावना हो, तब क्या कोई अपने बड़ों बुजुर्गों के सामने अपने को बाबू कहलवाने की गलती कर सकता है ? साधारणतया सबसे बड़े भाई के बच्चे पहले पैदा होते हैं । जब वे बोलना सीखते हैं तो घर में दो तीन चाचाओं को भी देखते हैं और बाप को अपने को बाबू कहलवाने में लज्जा आती है, इसलिये छोटी उम्र के बच्चों को ही चाचा कहलवाने की आदत डाल दी जाती है और बाप व चाचाओं में भेद रखने के लिये चाचाओं को काका कहकर पुकारा जाता है । इस तरह से हमारे हरियाणा में आम तौर से अपने पिता को बच्चे चाचा कहते हैं और जिन घरों में चाचा नहीं कहते हैं उनमें पिताजी को काका भी कह दिया जाता है । जब आस-पड़ोस में दो चार परिवारों में चाचा या काका कहलवाने का चलन हो जाये तो यही चलन रिवाज बन जाता है ।

मगर हम त्याग भावना को तिलाँजलि देकर मोह के मायाजाल में फँसने लगे हैं और अपने बड़े बुजुर्गों के सामने अपने बच्चे को बार-बार 'ओ मेरे बेटे' कह-कहकर उन बुजुर्गों को भीतर ही भीतर जलाते हैं और अपने ऊपर बेशरम बन जाने का ठप्पा भी लगवा लेते हैं ।

●

खीस खाना, दस दिन दूध न बिलौना

हमारे हरियाणा के देहात में हर घर में दूधारू पशु रखा जाता था। जिस घर में दूधारू पशु नहीं होता था उसे निर्भाग्य घर कहा जाता था। पशु रखना हमारे जीवन जाने की कला थी। वैसे भी पशु का सीधा सम्बन्ध कृषि से भी जुड़ा था। खेत जोतने के लिये बैलों की आवश्यकता होती थी। गायों के बछड़े ही बड़े होकर बैल बन जाया करते। असल में, तो हमारे क्षेत्र में पहले भैंसें थीं ही नहीं। दूध पीने के लिये गायें ही पाली जाती थीं। कहते हैं भैंसें तो मुसलमानों के साथ ही बाहर देशों से अपने देश में आईं। वैसे भी घर में गाय रखना हर हिन्दू घर के लिये एक अनिवार्य धार्मिक प्रथा थी। खैर, जब घर खुले-खुले हों और गाँव में पशुओं के चरने के लिये भूमि हो, जिसे, पशुचरान कहा जाता है, तो फिर पशु रखना आदत में शामिल हो जाना कोई अनोखी बात नहीं थी। हमारे यहाँ गरीब से गरीब व्यक्ति भी बाहर गली में, काटड़ी या बछड़ी बाँध लिया करता, जो बड़ी हो कर भैंस व गाय बन जाती थी। सारा परिवार ऐसे रखे पशु को अपने हाथों से कुछ न कुछ खिलाता रहता था और उस पर हाथ फेरा करता था जिससे पशु बड़ा राजी रह कर हृष्ट पुष्ट बन जाता था। देखा यह गया था कि बड़े-बड़े घरों में हर प्रकार के साधन होने पर भी एक साधनहीन व्यक्ति का पशु अच्छी सेहत व अच्छे शरीर का हो जाता था।

जब घर में दूधारू पशु रखा हो तो वो ब्याए भी गा। पशु ब्याने की बड़ी बाट देखी जाती थी। ब्याने के बाद ही तो दूध पीने को मिलेगा। जिस घर में एक ही दूधारू पशु रखा गया हो और वो भी ब्याने वाला हो तो उसके ब्याने के अन्तिम महीने में एक-एक दिन को बड़ी मुशकिल से काटा जाता था। जब कोई दूसरा आदमी यह पूछता था कि तुम्हारी गाय या भैंस ब्या ली, तो दुखी हो कर कह दिया जाता था कि वो तो हम हो ब्या लेंगे तो ब्याएगी। अर्थात् प्रतीक्षा करना बड़ा कठिन काम होता है। खैर पशु ब्याने के फौरन

बाद अपने बच्चे को चाटने लगता है । और फिर जेर गेरने के बाद बच्चे को माँ के थनों को लगाकर उसे दूध पिलाया जाता है । माँ के थनों में बचे बाकी दूध को निकाल लिया जाता है । इसे जब आग पर गर्म किया जाता है तो यह फट सा जाता है और पीला पीला पनीर सा बन जाता है । इसमें थोड़ा गुड़ डाल दिया जाता है । इसे खीस कहा जाता है । घर के सारे सदस्य तो इसे खाते ही हैं इसे पड़ोस में भी बाँटा जाता है और बाँटते हुए बड़ी खुशी से बताया जाता है कि हमारी गाय / भैंस ब्याई है । इस तरह से खीस बाँटना एक प्रकार से सब को खुशी का संदेश तो देना है ही, साथ ही साथ यह खीस जो पहले दूध से बना होता है बड़ा गुणकारी होने के कारण सबको अच्छे स्वास्थ्य की कामना करना भी समझा जाता है । यदि किसी को यह खीस न मिले और जब उसको कुछ दिनों बाद गाय / भैंस के ब्याने का पता चले तो वो कहता सुना जाता है, 'मैंने कौन-सा खीस खाया था ।'

यह खीस हर तरह के विटामिनों से भरपूर बताया जाता है । यह हड्डियों को तो मजबूत करता ही है परन्तु आँखों के लिये बड़ी नेमत होता है । इसके खाने से आँखों की बिनाई को बड़ा लाभ होता है । असल में हमारे ऋषियों-मुनियों की इतनी शोध थी कि वे जानते थे कि कौन-सी वस्तु गुणकारी है और कौन-सी हानिकारक है । इसी शोध के आधार पर ही पशु के पहले दूध को फाड़कर खाने की प्रथा बनाई थी । वैसे पहले दस दिनों तक दूध गर्म करने से फट जाता है इसलिये इसे पीया नहीं जाता है बल्कि उसी पशु को पिला दिया जाता है और उस पशु के बच्चे को भी पेटभर के पिलाया जाता है । हाँ बाद में जब बच्चा एक महीने का हो कर चारा खाने लग जाता है तब उसे केवल माँ के थनों को पुसाने भर के लिये लगाया जाता है । दूध थनों में आया नहीं और उसे पकड़ कर दूर बाँधा नहीं । कुछ लोग एक दिन का दूध किसी देवता पर भी चढ़ाते हैं ।

हमारे सारे रीति-रिवाज़ अब अपनी सार्थकता खोते जा रहे हैं । हमारे पढ़े-लिखे लड़के-लड़कियाँ बाजार से खरीद कर पनीर तो बड़े स्वाद से खाते हैं मगर घर पर बना खीस खाने में उन्हें पिछड़ापन-सा लगता है । वे तो पश्चिम के देशों की तरफ मुँह करके सोते हैं जो अपनी संस्कृति व आत्म-सम्मान पर बट्टा है ।

●

इकट्ठा कोल्हू चलाना

हमारी जीवन जीने की पद्धति इतनी सुन्दर है कि हम एक दूसरे के सुख व दुख बाँट लिया करते थे और पता भी नहीं चलता था । सहयोग व सहभोग हमारा आधार रहा था । कुछ काम ऐसे होते हैं जो अकेला व्यक्ति नहीं कर सकता है । जिस इलाके में गन्ने की खेती होती है वहाँ चीनी के मील लगने से पहले गन्ने से गुड़ बनाया जाता था । पहले गन्ने से रस निकालते और फिर रस से गुड़ बनता था । जहाँ चीनी का मील दूर है वहाँ गुड़ अब भी बनता है । गन्ने से रस निकालने की मशीन को कोल्हू कहते हैं । यह मशीन गन्ने के सीजन पर किराये पर मिल जाया करती थी । कोल्हूओं के कारखाने वाला बहुत सारे कोल्हू किराये पर देने के लिये रखता था । आमतौर पर गाँव में एक पाने के किसान इकट्ठे होकर कोल्हू को किराये पर ले कर गाँव से बाहर एक निश्चित स्थान पर गाड़ लेते हैं । प्रथा तो बड़ या पीपल के भारी पेड़ के नीचे गाड़ने की रही थी ताकि सर्दी के मौसम में इन पेड़ के नीचे सर्दी लगने से बचाव हो जाये । इस कोल्हू के गिर्द गोलाई में ही अपना गन्ना रखने के लिये अपना-अपना टाटा लगाया जाता था - टाटा फूस से बना बड़ा सा टाट ही होता था, जिस से हवा रोकी जा सके । क्योंकि कोल्हू को दिन-रात चलाया जाता है इसलिये ये टाटा रात को सर्दी से भी बचाव करते हैं । दूसरी तरफ एक बहुत बड़ी झोंपड़ी बनाई जाती है - जिसे गुड़गोई कहा जाता है- यानी जहाँ पर गुड़ बने । इस गुड़गोई में दो बड़े कढ़ाए भट्टी पर रखे जाते हैं । कोल्हू को बैलों या ऊँट से चलाया जाता है । एक आदमी उसमें गन्ना देता रहता है । उसे मुठीया कहा जाता है । गन्ने का रस इकट्ठा करने के लिये

एक लोहे का घड़ा नीचे गड्ढे में रखा जाता है । यह घड़ा ही कोल्हू की सहकारिता का आधार होता है । हर किसान अपनी फसल अनुसार यह तय करता है कि वो कितने घड़े रस रोजाना देगा । दो घड़े रस को एक बारी बोला जाता है । इसी बारी अनुसार ही उस किसान को गुड़ की भी बारी मिलती है । जब घड़ा रस से भर जाता है तब उसे भट्टी पर लगे कढ़ाए में पलट दिया जाता है । भट्टी में गन्ने की सूखी खोही को डाला जाता है । यह काम करने वाले को झोका कहा जाता है । पहले कढ़ाए में रस जब खूब गर्म हो जाता है और उसकी सफाई हो जाती है तब उसे दूसरे कढ़ाए में पलट दिया जाता है । यहाँ यह गाढ़ा होने तक पकाया जाता है । फिर उसे मिट्टी से बनाये गोल बड़े से बरतन में पलट दिया जाता है । इस बड़े बरतन को चाक कहा जाता है । यहाँ उसे बार-बार उल्टा-पल्टा जाता है और अन्त में गुड़ तैयार कर लिया जाता है । अपनी-अपनी बारी अनुसार एक-एक दिन का गुड़ बारीदार को मिल जाता है । यह बारीदार इस गुड़ से मुठिया झोका व पकाव को उनका बँधा हिस्सा देकर बाकी गुड़ को या तो अपने घर रख लेता है या बेच देता है ।

इस प्रकार से सब किसान मिल कर अपने गन्ने का गुड़ बना लेते हैं, वरना हर किसान को बड़ी मुशकिल का सामना करना पड़े । इकट्ठा काम करने से मेहनत भी कम व खर्च भी कम करना पड़ता है । इस प्रकार कोल्हू चलाना सहकारिता का असल रूप होता है । कई बार किसी किसान का गन्ना खेत में बाकी बचा रह जाये तो सारे किसान जाकर उसके गन्ने को लाकर कोल्हू से पीड देते हैं । इसी प्रकार जब किसी किसान की बिजाई बाकी रह जाये तो सभी किसान अपने-अपने हल ले जाकर उसकी बिजाई करा देते हैं । ऐसे मौके पर घी-बूरा से खाना खिलाया जाता है । गन्ना बोने पर भी कई किसान एक का गन्ना बुआने चले जाते हैं । वहाँ पर गुड़ भत्ता खिलाया जाता है - गुड़ में पक्के चावल घी डालकर खाए जाते हैं ।

हमारा रहना तो मिल-जुल कर रहना था परन्तु अब हवा कुछ उल्टी चल रही है जो दुखों का कारण है ।

●

साई देना , चोलड़ रस्सा एवं हुलिया या छपवाना

हरियाणा में पशु हर घर में रखा जाता रहा है । जहाँ किसान खेत जोतने के लिये बैल रखता था वहाँ दूध पीने के लिये गाय या भैंस तो दूसरे लोग भी रखते रहे हैं । पशु पालना कृषि से दूसरा बड़ा काम रहा था । कोई भी गरीब व्यक्ति किसी से भी बछड़ी, कटड़ी लेकर उसे पालकर गाय भैंस बना लिया करता और जब वे ब्याने के निकट होतीं या ब्या जातीं तो उन्हें दूसरों को बेचकर अपनी जीविका चला लिया करता । किसान के पास भी कुछ पशु फालतू हो जाया करते हैं इसलिये वो भी उन फालतू पशुओं को बेच देता है । कई बार किसी पशु में कोई कमी आ जाती है इसलिये, मालिक उसे भी बेच देता है । अर्थात् पशु बेचने व खरीदने का सिलसिल पुराने समय से चला आ रहा है । देखा गया है कि एक गाँव का व्यक्ति दूसरे गाँव से पशु खरीद लाता है । कई बार तो दूर के गाँव से भी ले आता है जहाँ उसे कोई भी नहीं जानता होता है । आमतौर पर पशु पड़ोस के पड़ोस में नहीं बिकते हैं क्योंकि पड़ोसी तो पड़ोसी के पशु की कमजोरी से वाकिफ होता है । भला फिर कमजोरी को जानते हुए कोई पशु को क्यों खरीदेगा ? यदि पशु दूधारू हो तो दो जून का दूध निकाल कर देखने का रिवाज़ है । इसलिये एक तो दूध की मिकदार का पता चल जाता है तथा दूसरे थनों व पुसा का भी भली तरह से ज्ञान हो जाता है - कोई डाट या छररा तो नहीं है अर्थात्, कोई सा थन मरा हुआ तो नहीं–उससे दूध की धार तो ठीक से निकलती है । पहली जून का दूध देखकर साई दे दी जाती है । साई का सीधा अर्थ सौदा पक्का कर लिया है और इस पर मोहर लगाने के लिये एक रुपया खरीददार पशु मालिक

को दे देता है । फिर दूसरे जून का दूध निकाल कर देखा जाता है और अगर दूध से खरीददार की तसल्ली हो जाती है तो वो दूध भी पशु के साथ खरीददार का ही हो जाता है । अगर दूध से तसल्ली नहीं होती तो साई का रुपया वापिस माँग लिया जाता है । साई का रुपया वापिस न देना भी असामाजिक काम समझा जाता है और उस बात का जिकर बार-बार चार भाइयों में करा जाता है कि साई भी मार ली ।

यदि बैल खरीदना हो तो उसे हल में जोतकर देखा जाता है तथा पूरी तसल्ली हो जाने पर साई दी जाती है । एक रुपया दे देने भर से, और उसे रुपये को पशुमालिक के थाम लेने से–चुचकार लेने से सौदा पक्का समझ लिया जाता है । जब पशु को नये मालिक को सौंपा जाता है, तब उस पशु के रस्से के सिरे को चार बार मोड़ा जाता है जिसे चोलड़-चारलड कहा जाता है तथा फिर रस्से को वहाँ से पकड़ कर खरीददार को रस्सा पकड़ाया जाता है । रस्सा पकड़ते हुए मुँह से बोला जाता है – 'राम करे तुझे लहणा दे' अर्थात यह पशु आप के घर जाकर आप को भरपूर लाभ दे । हमारी संस्कृति की यह महानता है कि पशु से भी यह कामना रखी जाती है कि वो नये मालिक का भी पूरा भला करे – एक के चार हों ।

जब खरीददार व बेचवाल एक दूसरे को भली प्रकार से न जानते हों, उस हालत में पशु को बेचते समय उस पशु के बारे एक लिखत की जाती है जिसमें उस पशु की सिकल सूरत बारे लिखा जाता है – रंग कैसा है, उम्र कितनी है, सींग व पूछ कैसे है, नीचे बछड़ा बछड़ी या कटड़ा कटड़ी है आदि सब लिखा जाता है । इस तहरीर पर पशु मालिक अपना अंगूठा लगाता है । इस ऐसा लिखने को हुलिया कहा जाता है । यह हुलिया मेले से खरीदे पशु बारे तो जरूर लिखवाया जाता है – इसे मेले में छपवाना भी बोला जाता है । इसमें खरीददार व बिकवाल के नाम के अलावा रकम का भी जिकर होता है । क्योंकि मेला प्रशासन इस छपाई पर पशु की कीमत अनुसार कमीशन लेता है । इसलिये कई बार दोनों पक्ष रकम को थोड़ा बता कर लोभ का परिचय भी देते हैं ।

●

रिश्ते-नाते

वैसे तो हमारे प्रान्त में रहने वाला हर इन्सान एक दूसरे से सामाजिक तौर से जुड़ा होता है । यह आपसी जोड़ ही समाज को बनाता है । इन्सान का सबसे पहला जोड़ अपनी जननी से होता है और दूसरा अपने जन्मदाता से । इन्हीं दो स्त्री-पुरुष के कारण मानव पृथ्वी पर सृजित होता है और फिर सामाजिक बँधनों में बँधता जाता है । इन जननी व जन्मदाता के भी जननी व जन्मदाता होते हैं और इनकी भी दूसरी और सन्तानें होती हैं । तो प्रश्न उठता है कि जब जन्म का सम्बन्ध है तो सन्तान इन्हें क्या बोलकर सम्बोधित करे ? यह सम्बोध न ही आपसी रिश्ते का सूचक होता है । अनजान आदमी से लोग पूछते हैं- फलां व्यक्ति तेरा क्या लगता है । यह सवाल ही रिश्ते का जन्मदाता है । इसीलिये सामाजिक मान्यताएँ बनीं कि किस रिश्तेदार को क्या बोला जाये ।

अपने प्रान्त में जननी को माँ कहने का चलन है । देखा गया है कि यह सम्बोधन दुनिया के सारे सम्बोधनों में सबसे आसान है और छोटा है । मानव का सबसे अधिक लगाव दूधारू, पशु गाय से होता है । जब गाय का नवजात बच्चा बोलता है तो उसका स्वर कुछ ऐसा ही होता है माँ....। शायद इसी प्राकृतिक ध्वनि के कारण ही हमने अपनी जननी को माँ कहना शुरू किया होगा । अब सवाल आता है जन्मदाता का । इस बार हम एक मत नहीं है । मध्य हरियाणा में तो उसे बाबू कहा जाता है - कहा न भी जाता, हो तो भी रिश्ते का नाम बाबू होता है । हाँ बाबू को बापू भी पुकारा जाता है । कुछ लोग अपने बच्चों से अपने को काका या चाचा भी कहलाते हैं परन्तु यह सब लज्जा वश ही होता है, रिश्ता बाबू ही रहता है । बाप सम्बोधन तो हमारे सारे हिन्दी क्षेत्र का ही है । बाप के बाप को दादा और दादा के बाप को परदादा और आगे सडदादा बोला जाता है । इसी तरह बाप की माँ को दादी और दादा

की माँ को परदादी और आगे सडदादी बोला जाता है । माँ की माँ को नानी व बाप को नाना कहा जाता है । बाप के बड़े भाइयों को ताऊ और छोटों को चाचा या काका कहा जाता है । उनकी पत्नियों को ताई, चाची या काकी कहते हैं । देखिये हमारे यहाँ ताऊ कहने से पता चल जाता है कि बाप से बड़ी उम्र का है और चाचा कहने से जान जाते हैं कि बाप से छोटी उम्र है । यही रिश्ता आस पड़ोस व पूरे गाँव व गुहाँड़ में चलता है । माँ के भाई को मामा और उसकी पत्नी को मामी कहा जाता है । एक ही जननी से पैदा हुये लड़कों को भाई व लड़कियों को बेबे या जीजी कहते हैं । बीबी, बहन व बहना भी कह देते हैं । बाप की बहन को बुआ या फूफी व उसके पति को फूफा कहा जाता है । यही सम्बोधन परिवार व गाँव गुहाँड़ में भी प्रयोग में लाया जाता है । माँ की बहनों को मौसी कहते हैं । मौसी - माँ-सी से बिगड़ कर बना है । इस मौसी के पति को मौसा कहा जाता है । माँ बाप लड़कों की पत्नियों को बहू कहते हैं । साधारणतय बेटी भी बोल देते हैं । पत्नी की माँ को सास व बाप को ससुर या सीधा सासू व सुसरा कहते हैं । भाई व बहन के सास-ससुर को मौसी व मौसा ही बोला जाता है । पत्नी पति के चाचा को पितसरा व चाची को पीतस और ताऊ को ताईसरा व ताई को ताईस कहती है । पति के मामा को मोलसरा व मामी को मोलस कहा जाता । पत्नी की बहनों को साली व भाइयों को साला पुकारा जाता है । साली के पति को साढ़ू कहते हैं । साले की पत्नी को सलज बोला जाता है ।

हमारे हरियाणा में खास बात यह है कि गाँव गुहाँड़ में भी बिना उचित रिश्ते के किसी को भी नहीं बोला जाता है चाहे वो किसी भी जात बिरादरी का हो । कई बार पड़ोस में दादा लगने वाले के घर लड़का आखिरी उम्र में होता है और वो अपने से छोटा होता है तो भी रिश्ता चाचा का ही रहता । कई बार गाँव में अपनी उम्र से भी छोटे को दादा कहना पड़ता है ।

हमारे देहात में तो दूसरे के बच्चे को उनके बाप के नाम से ही पुकारा जाता है - ओ रामसिंह के, र भरतु के आदि ।

हमारे रिश्तों के सम्बोधन से ही साफ पता चल जाता है कि कौन क्या लगता है । हम अंग्रेज की तरह एक दर्जन रिश्तों को अंकल कहकर अँधेरे में नहीं जीते ।

●

गोत्र बचा कर शादी करना

ज्यों-ज्यों विज्ञान प्रगति करता जाता है, त्यों-त्यों हन अपने ऋषियों-मुनियों के हजारों सालों पहले के शोध को सही मानते जा रहे हैं । आज कल साधारण किसान भी शंकर-नशल के बीज व पशु के सद्‌गुणों को जानने लग गया। वो कहता है बाजारा तो शंकर बोया है - टमाटर क बीज हाईब्रड लाया था, पाँच फुट ऊँचे पौधे बढ़ गये और जड़ से लेकर ऊपर तक मोटे-मोटे टमाटर लगे हैं । हम जानते हैं कि खच्चर का पिता गधा और माँ घोड़ी होती है इस लिये खच्चर में दोनों से अधिक ताकत होती है । अर्थात जब दो अलग-अलग प्रजातियों के मिलान से उत्पाद बनता है वो दोनों मिलान जातियों से गुणी होता है । यह बात हमारे ऋषियों-मुनियों ने बहुत पहले जान ली थी और उसे समाज में स्थापित कर के नियमित कर दिया था । हर परिवार का एक मूल पुरुष रहा होगा । उसी मूल पुरुष के नाम से वो परिवार जाना जाता है जिसे गोत्र या गोत कहा जाता है । आगे चलकर गोत के सम्भाग भी बन गये जिन्हें शासन बोला जाता है । हमारे हरियाणा में तो अधिकतर लोग अपने शासन को ही गोत कहते हैं । फिर भी यह बात तय है कि मेवों को छोड़ कर बाकी हरियाणवी अपने गोत में ब्याह नहीं करते । उदाहरण के लिये हरियाणा में जाट एक बिरादरी है । उस बिरादरी में अलग-अलग खाप हैं । इस खाप का नाम ही गोत है - जैसे हूड्डा खाप, दहिया खाप, गढ़वाला खाप, सीहाग खाप व कालीरामणा आदि । इसी प्रकार से अपनी-अपनी बिरादरियों में अपने-अपने अलग-अलग गोत होते हैं ।

इन बिरादरियों के अलग-अलग गुण व स्वभाव होते हैं जैसे बनिया

व्यवहार में ठण्डा व जाट कुछ सख्त मिजाज माना जाता है । जहाँ बनिये में बनज करने के स्वभाविक गुण हैं तो जाट में खेत पर काम करने के लिये शक्ति तथा मौसम परख के लिये प्रवीणता होती है । इन्हीं गुणों को आगे बढ़ाने व उन्हें नष्ट न होने देने के सिद्धान्त पर ही एक बिरादरी का रिश्ता दूसरी में नहीं होता है । अगर ऐसा हो जाये तो गाधल गोल मच जाये । अर्थात वे गुण नष्ट हो जायें ।

फिर बात आती है शंकर नशल वाली – यानी जब एक गोत में ही ब्याह हो तो सन्तान की शारीरिक व मानसिक संरचना में बदलाव आता है – कमजोर पड़ती है । इसीलिये हमारे प्रान्त में रिवाज़ बना कि अपने ही गोत में ब्याह नहीं किया जायेगा । इस वास्ते एक कहावत बनी–गोती सो भाई, बाकी असनाई । अर्थात् गोत का आदमी तो भाई ही रहेगा – रिश्तेदार नहीं बन सकता है । बात इस से भी आगे गई है । जिन बिरादरियों में ज्यादा गोत या शासन हैं उनमें तो चार गोत बचा कर ही ब्याह रचाया जाता है । अपना गोत, माँ का गोत, दादी का गोत व नानी का गोत बचाया जाता है । परन्तु ज्यों–ज्यों कुछ कठिनाई आती गई त्यों–त्यों हम नानी के गोत को छोड़ने लगे हैं और अपनी इस कमजोरी को छिपाने के लिये कहने लगे हैं – नानी तो कानी हो गई । हमारे प्रान्त में बनिया बिरादरी में अग्रवाल भाई जिनका निकास महाराजा अग्रसेन से माना गया है और जिनके गोत महाराजा अग्रसेन के 18 पुत्रों के नामों से हैं, केवल अपना गोत ही बचाते हैं । ब्रह्मणों में अब भी चार गोत बचा कर ब्याह किया जाता है । इसी तरह हर बिरादरी का अपना–अपना नियम है । मगर एक नियम पक्का है कि अपने गोत में ब्याह नहीं होगा ।

कई ऐसे गाँव हैं जहाँ एक ही बिरादरी के कई गोत होते हैं । उन्हें रिश्ता तय करते समय उन सारे गोतों को बचाना पड़ता है वरना उसी गाँव में ब्याही आई लड़की किसी की बहू व किसी की बेटी बन जाये । हम आधुनिकता के फेर में गोत पर ध्यान न दे कर ठीक सा रिश्ता मिल जाने पर कमजोरी दिखा रहे हैं जिसके कारण रोजाना खाप व सर्वखाप, रिश्तों में दखल दे रही हैं और बच्चे हो जाने पर भी पति–पत्नी को भाई–बहन घोषित कर के जगहँसाई करवाते हैं ।

●

मान करना

हमारी संस्कृति में कन्या पक्ष, वर पक्ष को अपने से ऊँचा मानता है । लड़की वाला ही लड़के वाले के घर पहले लड़का देखने जाता है, फिर सगाई करने व लगन लेकर जाता है तथा अपने घर पर बारात ले कर आने के लिये लड़के वाले को निमन्त्रण देकर जाता है । अपनी लड़की को पालपोष कर अपने घर से विदा कर देता है - अर्थात् वर पक्ष का इतना भरोसा करता है कि वो उस की नाजों से पाली हुई लाड़ली को सुख सुविधा पूवर्क रखेंगे । वैसे तो दोनों रिश्तेदार लड़की वाला व लड़के वाला दोनों बराबरा होने चाहियें, मगर हमारे पुर्खों ने लड़की वाले का दर्जा कुछ कम ही रखा था । उसी रिवाज़ को हम सदियों से निभाते चले आ रहे हैं । जब तक रिश्ता पक्का होने की बात चलती है तब तक तो दोनों पक्ष अपनी-अपनी बात को बराबर स्तर पर रह कर कहते हैं और रिश्ता पक्का हुआ नहीं कि लड़की वाला लड़के वाले को हाथ जोड़ लेता है । सगाई की रस्म पर ही लड़की वाला लड़के वाले को अपने से बड़ा मान लेता है । इस बड़ा मान लेने को ही मान कहा जाता है । वैसा मान का अर्थ तो सम्मान होता है अर्थात लड़की वाला लड़के वाले का सम्मान करता है । सम्मान केवल मुँह से बोलकर या हावभाव दर्शा कर नहीं बल्कि दोनों पक्षों की पंचायत में एक रुपया देकर किया जाता है । यह रुपया कन्या पक्ष वर पक्ष के सभी उन घरवालों को देता है जो वर से आयु तथा रिश्ते में बड़े लगते हों वे चाहे नर हों चाहे नारियाँ - अर्थात लड़के के दादा-दादी, ताऊ-ताई, चाचा-चाची, भाई-भाभी । लड़के को सगाई का टीका करने के बाद कन्या पक्ष वाले पूछते हैं अब मान बताओ । अर्थात आप के कितने ऐसे

आदमी हैं जिन की मान की जाये । वर पक्ष वाला अपने सारे परिवार में निगाह डालता है और सबकी गिनती करके यह संख्या बता देता है । लड़की वाला उतने ही रुपये भरी पंचायत में दे देता है । कई बार यों रुपये न थमा कर सब की मान अपने हाथों से रुपया देकर करता है । ऐसा करने से नए बने रिश्तेदारों को अच्छी तरह जान जाते हैं । हमारे देहात में मर्दों व पशुओं के रहने का मकान अलग होता है तथा महिलाओं का अलग होता है जिसे घर कहा जाता है । सगाई की रस्म तो नोहरा, बैठक, पोली, घेर आदि में ही होती है इसलिये पुरुष वर्ग तो वहीं पर मिल जाता है । उन्हें रुपया देने के बाद कहा जाता है अब घर चलो । घर पर सारी महिलाओं की मान किया जाता है । बस फिर तो लड़की का जो भी रिश्तेदार लड़के वाले के घर पर आयेगा वो मान करेगा । जिन का आना-जाना लगा रहता है जैसे लड़की के भाई, वो तो अपनी बहन को ही रुपया दे देते हैं मगर जो कभी-कभी आये वह सब घर वालों की मान कर करता है । लड़की की ससुराल में ही नहीं बल्कि लड़के के पक्ष का कोई भी व्यक्ति कहीं भी मिल जाये, उसकी मान का रुपया देने की प्रथा है । कई बार लड़की वाला ऐसी शादी में चला जाता है जहाँ पर लड़के के पक्ष वाले भी आये होते हैं तो लड़की वाला वहाँ पर भी उनकी मान करता है । किसी का मान करना अच्छी बात है मगर इस मान की आड़ में लोभ को पनपाना कितनी पंचायती बात मानी जाये ? अब तो ऐसे पंचायती हो गये हैं जो एक रुपये की मान की बजाये 5,11,21 व अधिक रुपये देकर सभी सगाई पर आये हुओं की मान करा देते हैं । क्या यह मान हुई या लूट को आपस में बाँटना ? क्या नया बना समधी साल दो साल बाद उन सभी को पहचान लेगा, जिनकी उसने मान की है ? क्या उनको फिर दोबारा वही सम्मान दे सकेगा जो उसने भरी पंचायत में दिया है ? तो यह कोरा लोभ है जो ठीक नहीं होता है । रिश्तों की मिठास को हड़पता है ।

●

रामरमी

सभ्य समाज में जब भी कोई किसी से मिलता है तो एक विशेष शब्द बोलकर अभिवादन करता है । भारत बहुत बड़ा देश है और हर क्षेत्र का अपना अभिवादन का ढंग होता है । हमारे हरियाणा में अभिवादन को रामरमी कहते हैं । वैसे तो हरियाणा छोटा प्रान्त है मगर यहाँ पर भी क्षेत्रवाद का प्रभाव स्पष्ट दिखाई देता है । अम्बाला जिले का इलाका पंजाब से मिलता है । सिरसा भिवानी, नारनौल राजस्थान के साथ लगते हैं । फरीदाबाद का होडल, मथुरा जिले से लगता है । इस लिये यहाँ पर अभिवादन भी कई प्रकार से किया जाता है । कुछ इलाका गुड़गाँव जिले की नूह व झीरका तहसील मेव बहूल है । इसलिये यहाँ का अभिवादन भी दूसरे क्षेत्रों से अलग है ।

फिर भी मोटे तौर पर देहात में तो जयरामजी बोलने का चलन है । कोई अनजान आदमी भी है जब किसी अनजान से मिलता है तो जयरामजी कह देता है । पहले पैदल चला करते थे रास्ते के गाँव में हुक्का पीने का भी चलन था । जब भी हुक्का पीना होता तो हुक्के पर बैठे लोगों को जयरामजी कह कर ही हुक्के को हाथ लगाता था । चलते समय भी फिर जयरामजी कह कर चलते हैं । जब पंचायत आदि में बोलना हो तो खड़े होकर, हाथ जोड़कर सभी को जयरामजी की जाती है । रिश्तेदारी में जाते ही पहले जयरामजी की जाती है । इसी को रामरमी कहा जाता है ।

जयराम जी के इलावा रामराम कहने का भी चलन है । यह चलन अधिकतर नगरों में है । अब पढ़ाई का असर होने के कारण नमस्ते या नमस्कार कहने का रिवाज़ चल पड़ा है । मगर इस नमस्ते से हमारी संस्कृति

भ्रष्ट ही हुई है। नमस्ते का अर्थ है – मैं आप को झुकता हूँ। नमस्ते कहकर झुकने वाला तो बिरला ही होगा इसलिये यह तो झूठ बोलना ही हुआ। हमारी संस्कृति में छोटे बड़ों को झुका करते हैं मगर जब कोई लड़का मस्टरजी या दादा ताऊ को नमस्ते कहता है तो वे भी आशीर्वाद देने की बजाय, सीधा नमस्ते ही कहते हैं अर्थात मैं आपको झुकता हूँ। क्या ऐसा कहना उचित है ?

●

पंचायती रुपया

हमारे हरियाणा में पंचायत का बड़ा मान–सम्मान थ । पंचायत का अर्थ यहाँ गाँव द्वारा चुनी गई सरकारी पंचायत से नहीं है । बस कहीं भी पाँच भाई इकट्ठे बैठकर किसी भी विषय पर विचार–विमर्श करने का नाम, ही पंचायत होता है । इस पंचायत की धारणा के अनुसार इस प्रकार चार भाइयों में बैठा व्यक्ति पंच होता है और पंच साक्षात् परमेश्वर का रूप होता है । हम न केवल ऐसा कहते ही थे बल्कि मानते भी थे । इसी आस्था के कारण ही तो पंचायतों का बड़ा भारी महत्त्व होता था । ऐसे मौके पर पंच को बहुत सोच–समझ कर ही बोलना होता है–कोई भी हल्की बात मुँह से नहीं निकाली जाती है । बोलने में भी बड़ी नर्मी बरती जाती है और दूसरों की इज्जत का पूरा–पूर ध्यान रखा जाता है ।

वैसे हमारे समाज में तो कोई भी धार्मिक व सामाजिक काम पंचायत की देख–रेख में ही होता है । अकेला व्यक्ति तो अपने रोजमर्रा के काम धंधे ही कर सकता है । मगर जब भी कोई ऐसी बात आती है जिस पर समाज की मोहर लगवाना जरूरी होता है तो वहाँ पंचायत जरूर बैठती है । पहले हमारे यहाँ लिखा पढ़ी का काम न के बराबर था । कोई भी सामाजिक अनुबन्ध कागज पर नहीं लिखा जाता था । बस पाँच भाइयों के बीच जो बात हो जाती थी वो कागज की लिखत से भी ज्यादा पक्की मानी जाती थी । इसलिये पंचायत की बात पक्की मानी जाती थी । इसीलिये पंचायत की अहमीयत को हर समय ऊँचा रखा जाता था । हमारे बड़े बुजुर्गों ने एक चलन बनाया था कि सामाजिक मौकों पर इस पंचायत को पूर्ण रूप से मान्यता देने

के लिये इसके सम्मानवश सबसे पहले एक रुपया इसी पंचायत के लिये दिया जाता है । इसी रुपया को पंचायती रुपया कहा जाता है । हमारे सामाजिक खुशी के संस्कारों में सबसे पहले सगाई की रस्म होती है । जब लड़के वाले के घर पर लड़की वाले सगाई की रस्म अदा करते हैं तब सब से पहले एक रुपया पंचायती दिया जाता है । इस का अर्थ है कि मैं यहाँ बैठे पंचों का पूर्ण मान–सम्मान करता हूँ और इन के निर्णय की पूरी इज्जत करूँगा । यह रुपया वहाँ पर बैठे सब से बड़ी उम्र के आदमी को दिलवाया जाता है । यहाँ केवल उम्र का ख्याल नहीं होता है । बल्कि बड़ी आयु के खट्टे–मीठे अनुभवों का होता है । इस प्रकार रुपया लेने वाला भी यह रुपया अपना निजी नहीं लेता है । बल्कि वर पक्ष के सारे उपस्थित पंचों की तरफ से लेता है ।

इस प्रकार जब बारात विदा की जाती है तो सबसे पहले एक रुपया पंचायती निकाला जाता है । इसी के साथ ही विदा के समय एक चवन्नी मनीयारा की भी निकाली जाती है । मगर अब न तो चवन्नी ही रही और न ही इस सुहाग की चूड़ियों का कोई मोल । बस अब तो दिखावा पर टिका सम्बन्ध भी पहले की भान्ति टिकाऊ नहीं रहता है । बस कड़वास ही सुनने को मिलती है । हमारे पुर्खों ने बड़े सोच समझ कर प्रथाएँ बनाई थीं और बंधन बाँधे थे । इन बंधनों में रह कर हम शान्ति से रहते थे और बंधनों को तोड़ कर तो कलह व कलेश को ही न्योता दिया है ।

●

पंचायत होना अर्थात् गाँव इकट्ठा होना

प्राचीन काल से ही मानव को सामाजिक प्राणी माना गया है । क्षेत्र विशेष में रहने वाले मानव समूह को समाज कहा जाता है । वहाँ रहने वाला हर व्यक्ति उस समाज का अंग होता है । जिस प्रकार से स्वयं मानव शरीर के अलग-अलग अंग मिल कर पूरे शरीर को बनाते हैं उसी प्रकार सब व्यक्तियों से ही समाज बनता है । यदि पैर के अँगूठे में चोट लग जाती है तो पूरा शरीर लँगड़ा कर चलता है । इसी प्रकार समाज के किसी एक व्यक्ति की भी हानि सारे समाज की हानि होती है । यदि कोई व्यक्ति महान कार्य करता है तो सारे समाज का सिर ऊपर उठता है । इस पूरे समाज को सुचारू रूप से चलाने के लिये हमारे पूर्खों ने सामाजिक नियम निर्धारित किये थे, जिन पर चलना हर व्यक्ति का फर्ज है । इन नियमों का उल्लँघन होना ही समाज का नुकसान होता है । हमारे समाज में व्यक्ति विशेष को कोई भी निजी अधिकार नहीं है । सारे अधिकार समाज के पास होते हैं और समाज ही उन्हें अपनी देख-रेख में रखता है । समाज भी कई स्तरों पर बँटा है । मोहल्ला स्तर से लेकर पाना स्तर, गाँव स्तर, बाहरा स्तर तथा सर्वखाप स्तर व 360 स्तर तक जाता है । हमारे हरियाणा में तो जात-बिरादरी की भी प्रथा है । इसलिये यहाँ पर बिरादरी स्तर पर भी नियन्त्रण होता है ।

यह नियन्त्रण सामूहिक होता है । कोई भी समस्या आने पर सभी मिल बैठ कर उस पर विचार करते हैं। यदि समस्या का समाधान मोहल्ला-ठोला स्तर पर न हो तो पाना इकट्ठा होता है और फिर सारा गाँव इकट्ठा होता है । जब गाँव को इकट्ठा होने को कहा जाता है तो गाँव में मनादी कराई

जाती है, ढिंढोरा पीटा जाता है । गाँव इकट्ठा होने का स्थान चौपाल ही होता है । यदि गाँव में कई चौपालें हों तो मनादी में एक विशेष चौपाल का नाम भी बता दिया जाता है । इस गाँव इकट्ठा होने को पंचायत कहा जाता है । इस पंचायत में गाँव का कोई व्यक्ति भी जा सकता है और अपना विचार बता सकता है । यहाँ पर सब को बराबर समझा जाता है । मगर पूरे अदब से बोलना यहाँ का पहला नियम होता है । सभी नीचे बैठते हैं चारपाईयों पर नहीं बैठते । गाँव का बड़ी आयु का व्यक्ति ही ऐसी पंचायत की कार्रवाई को चलाता है ।

यह पंचायत गाँव की सरकारी तौर पर चुनी हुई पंचायत से अलग होती है जो परम्परागत होती है तथा इसका मान व सम्मान भी होता है । इसकी शक्ति बड़ी होती है । इसके फैसले की अवहेलना करना मुसीबत बुलाना होता है । ऐसी पंचायत में जरूरी नहीं समस्याओं पर ही विचार हो । यहाँ पर कोई भी नई बात बतलाई जा सकती है । किसी भी नये कार्यक्रम को लागू करने के बारे में विचार करके फैसला लिया जा सकता है । वैसे नाम तो सारे गाँव का होता है मगर इकट्ठे होने वाले गिने-चुने व्यक्ति ही होते हैं जिन्हें लोग पंचायती कह दिया करते हैं ।

जब कोई फैसला गाँव पंचायत में न हो सका हो तो बाहरे की पंचायत बुला ली जाती है । इसके लिये बाहरे के सरदार जिसे दादा कहा जाता है को निवेदन करना पड़ता है । वो पंचायत, होने की खबर हर गाँव में भेजता है-जिसे चिट्ठी पाड़ना कहा जाता है । यदि ऐसी पंचायत में भी समस्या का हल न निकले तो पूरी खाप की और फिर सर्वखाप व सर्वखाप सर्व जाति की भी महापंचायत बुलाने का चलन है ।

हमारे बुजुर्गों ने समाज को सुदृढ़ रखने के लिये तथा उसको बनाये नियमों का मान रखने के लिये यह ठोस रिवाज़ बनाये थे । इन पर चल कर नैतिकता की पूरी रखवाली भी रखी थी । यहाँ पर धन का नहीं इज्जत का मान था । मगर राजनीति ने हमारे इस सारे ढाँचे को तहस-नहस कर दिया है । हम अब लाचार हैं, दुखी हैं, कलह व कलेश, अविश्वास के शिकार हैं । क्या ही अच्छा हो यदि फिर से बुजुर्गों द्वारा बनाये रास्ते पर चल कर सामाजिक नियमों का पालन करें ।

●

गाँव सामलात काम करना

कहते हैं बहुत पहले मानव जंगलों में घुमक्कड़ जीवन बिताया करता था। उसे जंगली जानवर तंग करते व दूसरे ज्यादा ताकतवर लोग उसके साथ छीना-छपटी करते थे। इस भय से बचने का एक तरीका निकला - एक ही स्थान पर कई मिलकर इकट्ठे रहना। ऐसी रिहाईस का नाम ही गाँव पड़ा था। फिर दुख-सुख बाँटे जाने लगे। इस दुख-सुख बाँटे जाने की प्रक्रिया का नाम समाज पड़ा। समाज बना तो कुछ समस्यायें भी सामने आती गईं। पहले लोग नदी-नालों के किनारे ही बसते थे ताकि आदमियों व पशुओं को पानी की समस्या न हो। परन्तु आबादी के बढ़ने के साथ-साथ व जंगलों को साफ करके खेत बनाने के बाद, यह सम्भव नहीं रहा। बस अपने खेतों के निकट ही बस्ती बना ली। इससे पीने के पानी की समस्या उपजी। इस समस्या ने ही गाँव में कुएँ व जोहड़ खोदने के चलन को जन्म दिया।

गाँव के बाहर उपयुक्त स्थान देखकर बहुत बड़ा गड्ढ़ा खोदा जाता है। खुदाई की मिट्टी को उस गड्ढ़े के गिर्द लगा दिया जाता है। दो तीन जगह इसके अन्दर जाने का रास्ता छोड़ दिया जाता है - जिसे घाट कहते हैं। इसी गड्ढ़े में बारिस का पानी इकट्ठा हो जाता है जो सारा साल जमा रहता है। कुछ दिनों में यहाँ पानी अपने आप साफ हो जाता है-मिट्टी नीचे बैठ जाती है और आड़कुबाड़ हवा में लहरों के साथ किनारों पर आ जाता है। इसी पानी के बड़े गड्ढ़े का नाम जोहड़ होता है। यहाँ सब के पशु पानी पीते हैं। इसलिये इसे पहले तो सब मिल कर खोदते हैं और फिर हर 10-12 सालों के बाद इस के नीचे जमी मिट्टी को निकालते हैं।

इसी प्रकार गाँव के बाहर ही, कई बार तो इस जोहड़ के एक किनारे पर, एक बहुत गहरा गड्ढ़ा गोलाई में खोदा जाता है जिसमें जमीन के नीचे का पानी इकट्ठा हो जाता है । इसको अन्दर से पक्का चिनवा दिया जाता है । इस गड्ढ़े का नाम कुआँ होता है । महिलाएँ अपनी-अपनी रस्सी व बाल्टी लेकर इससे पानी निकालती हैं और अपने मटके भर लाती हैं । इस कुएँ की भी सफाई समय-समय पर की जाती है । यह काम भी सामूहिक तौर पर किया जाता है ।

फिर एक समस्या और आई–सभी इकट्ठे हो कर कहाँ बैठें - दूसरे गाँव से बारात आये तो वो कहाँ ठहराई जाये ? सारा गाँव मिल कर सबके साँझे का एक अलग मकान बना लेता है । इस मकान का नाम चौपाल होता है । चौपाल साधारण मकानों से बहुत बड़ी और शानदार होती है । इसकी मरम्मत व पुताई भी समय-समय पर होती रहती है । बड़े गाँव में कई चौपाल बन जाती हैं । इसी तरह गाँव के रास्ते व गलियाँ भी बनाई जाती हैं ।

इन सारे सामूहिक कामों के लिये पहले सारा गाँव इकट्ठा होकर विचार करता है । फिर काम तय होता है । जो काम अपने हाथों से होने का होता है उसे हर घर से एक आदमी जाकर करता है और बाकी के लिये नकद चन्दा इकट्ठा किया जाता है । परिवार में जितने भी पुरुष सदस्य होते हैं उतनी ही उस परिवार की तागड़ी होती हैं - क्योंकि लड़के को तागड़ी बाँधी जाती है इसलिये स्त्रियों से अलग नाम देने के लिये पुरुष का सूचक तागड़ी बना लिया । चन्दा प्रति तागड़ी इकट्ठा किया जाता है । गरीब अमीर सबका ध्यान रख कर ही यह प्रति तागड़ी चन्दा तय किया जाता है ताकि उसे देने में बहुत परेशानी न हो ।

कई बार इन सामूहिक कामों के लिये साँगी या भजनी भी बुला कर चन्दा इकट्ठा कर लिया जाता है । खुशी के मौकों पर इन कामों के लिये दान की राशि भी अलग निकाली जाती है । यही असली सहकारिता थी । इसी का नाम इकट्ठे रहना था । परन्तु राजनीति ने तो हमारी रीति व नीयती दोनों को नष्ट कर दिया और हर काम के लिये सरकार की तरफ देखने लगे हैं ।

●

दान–पुण्य करना

अपना पेट तो कुत्ता व सूअर भी भर लेता है । असल आदमी तो वो है जो जरूरतमंदों के काम आये । यही बात हमारी संस्कृति का मूल आधार बनी थी । जो आदमी इस बात पर चलते हैं उन्हें भाग्यवान कहा जाता है । गाँव में आम आदमी कहता मिल जायेगा – 'फलां आदमी बड़ा भाग्यवान है – फलां घर बड़ा भाग्यवान है' । रास्ता चलता मुसाफिर सूर्य छिपने के बाद नहीं चला करता । जो भी गाँव सूर्य छिपने के वक्त रास्ते में आता था, तो मुसाफिर गाँव के बाहर आने जाने वालों से पूछ लेता था–कोई भाग्यवान घर बताओ, मैंने रात को ठहरना है । लोग गाँव के किसी ऐसे व्यक्ति का घर बता दिया करते जहाँ उस रास्ता चलते को खाना व बिस्तर मिल जाये । यह भाग्यवान व्यक्ति कौन होता है ?

जिस व्यक्ति का मन यह मान ले कि दूसरों के काम आना असल धर्म है, वो ही व्यक्ति असल भाग्यवान होता है । जरूरी नहीं कि ऐसे व्यक्ति के पास बहुत धन हो । कहावत है कि ऊँट का सूई के नोक से गुजरना सम्भव है मगर धनी व्यक्ति का स्वर्ग में जाना सम्भव बहुत कम होता है । इसलिये दूसरों के काम आने के लिये केवल धन की जरूरत नहीं होती है बस नीयत होनी चाहिये । यह नीयत ही व्यक्ति को भाग्यवान बनाती है । वैसे हमारी आम बोलचाल में भाग्यवान का मतलब ऐसे आदमी से लगाया जाता है जिसके पास बहुत ज्यादा धन हो जाये – यानी जिसका भाग्य अच्छा हो और बड़े धन का स्वामी बन जाये । मगर हमारी संस्कृति तो धन को नहीं नीयत को मानवता का आधार मानती है और इसीलिये कल तक यह कहा जाता था – धन का क्या है वो तो वैश्या के पास भी हो सकता है, असल धन तो

आदमी का बेदाग चरित्र हुआ करता है । इसी आधार पर ही हमारे समाज में भाग्यवान आदमी की पहचान हुआ करती, धन से नहीं ।

हाँ, एक रिवाज और बना था, अपनी आमदनी का दसवाँ भाग दान पुण्य में लगाना । हमारे समाज में बहुत थोड़े ही ऐसे आदमी होते हैं जिनका गुजारा अपनी कमाई से हो जाये । अधिकतर तो दूसरों से कर्ज उठाकर अपना काम चलाते थे । जिस आदमी के पास अपनी जरूरत से ज्यादा आमदनी हो उसके पास दो रास्ते थे । पहला तो था कि अपने धन को जोड़कर आने वाली पीढ़ियों के लिये छोड़ जाये । दूसरा था कि अपने फालतू धन को दूसरे जरूरतमंदों के लिये खर्च कर दे । दूसरों के लिये धन खर्च करने को दान पुण्य कहा जाता है । इसके पीछे भी रहस्य है । दान-पुण्य करने से अगला जन्म अच्छा मिलेगा । हमारे ऋषियों-मुनियों ने मानव को सार्वजनिक कार्यों में रुचि रखने की प्रेरणा देने के लिये यह लालच दे दिया है । इसी लालसा के वशीभूत धनी आदमी सरेआम रास्ते पर कुआँ बनवा देता था ताकि मुसाफिर को पीने के पानी की सुविधा हो जाये । धर्मशाला भी बनवा दी जाती है ताकि मुसाफिर को रात बीताने की भी सुविधा बन जाये । कुछ लोग मंदिर बनवा देते हैं । कुछ बाग-बगीचे लगवाकर वातावरण को शुद्ध बनाने में सहयोग कर देते हैं । तीर्थ स्थानों पर धर्मशाला बनवाने का भी चलन है । अब गाँव के स्कूल में, गुरुकुल में, कमरा आदि बनवाने का भी चलन है । रास्ते पर हैण्डपम्प लगवा कर पीने के पानी का इंतजाम करना, प्याऊ बैठाना भी पुण्य के काम समझे जाते हैं । मगर अब तो नकद राशि दे कर अपना नाम ऊँचा लिखवाना ही शान समझी जाती है । ऐसे कार्य के पीछे बड़ा कहलवाने की प्रवृत्ति होती है । सेवा व सहयोग की भावना नहीं । फिर भी अपना फालतू धन दूसरों की भलाई के लिये दे देना दान पुण्य होता है । मगर भजनी भी जब दानी के पाँच रुपये का जमोला कहता है तो कहता है - करा अपनी नेक कमाई से दान । महत्त्व दान का नहीं, महत्त्व नेक कमाई होता है - डाके, चोरी व अनैतिक ढंग से जोड़े धन का नहीं-ऐसे तो हमारे समाज की अपनी जड़ें ही कट जाती हैं - समाज कमजोर होता है - फिर सामाजिक काम कैसा - धर्म कैसा - पुण्य कैसा ?

– जयहिन्द

•••